고요의 옴니버스

고요의 옴니버스

발행일   2025년 9월 19일

지은이   김윤애
펴낸이   손형국
펴낸곳   (주)북랩

출판등록 2004. 12. 1(제2012-000051호)
주소   서울특별시 금천구 가산디지털 1로 168, 우림라이온스밸리 B동 B111호, B113~115호
홈페이지 www.book.co.kr
전화번호 (02)2026-5777   팩스   (02)3159-9637

ISBN   979-11-7224-852-9 03810 (종이책)   979-11-7224-853-6 05810 (전자책)

작가 연락처 문의 ▸ ask.book.co.kr
전용 게시판에 문의를 남기시면 저자에게 직접 전달됩니다.

(주)북랩 성공출판의 파트너
북랩 홈페이지와 SNS에서 다양한 출판 솔루션을 만나 보세요!
홈페이지 book.co.kr   •   **블로그** blog.naver.com/essaybook   •   **출판문의** text@book.co.kr
카톡채널 북랩

이 도서는 **강원특별자치도**, 강원문화재단 후원으로 발간되었습니다.

김윤애 에세이

고요의 옴니버스

김윤애 지음

북랩

작가의 말

내 안에는 희로애락喜怒哀樂 네 개의 감정들이 모여 있다. 이들은 얼기설기 얽혀 내 안에 하나로 존재하지만 가끔씩 슬픔이 손을 들기도 하고, 때론 제어할 수 없는 분노가 고개를 들고, 그러다 기쁨에 겨운 내가 앞서 나갈 때도 있었다. 어느 하나 지치지 않고 손을 꼭 잡고 함께 길을 가고 있다. 이젠 이 동행의 손을 놓고 싶지만 운명처럼 나에게 밀착되어 있으리란 걸 인정하지 않을 수 없다.

어느 하나에 치우치지 않게 균형 있는 삶을 유지하고, 나를 객관적으로 바라보고자 글을 쓴다. 글을 쓰다 보면 노여움도 가라앉고, 기쁨과 슬픔은 중화되어 평정을 되찾는다. 그리고 가끔은 주변의 삶에도 눈을 돌리는, 오지랖 넓은 사람이 되는 것도 마다하지 않는다.

오지랖 넓다는 것은 앞섶이 넓고 여유롭다는 뜻이지만, 현대에선 그 의미가 그다지 좋게 해석되지는 않는다. 간혹 술 한잔 기울이지 않는 술자리에서도 선뜻 계산을 해 버리는 나는 오지랖이 넓은 사람이다. 아이들에게도 약삭빠르게 자기 것을 챙기기보다 남에게 손해를 끼치지 말고, 차라리 내가 조금 손해를 보는 편이 마음 편하다고 얘기하곤 했다. 이제 머리가 커진 아이들은 내게 말한다. 엄마처럼 그렇게 살면 손해만 보고 살 거라며 오히려 나를 가르친다. 그러나 바쁘고 숨 가쁘게, 자기 중심적으로 살아가야만 하는 세상에 어쩌면 순진하고 어리숙한 나 같은 사람도 사회에 고명이 될 수 있을 것도 같다.

오지랖이 넓은 세상은 '따뜻한 사회', '관심 가져 주는 사회'로 한 걸음 다가가는 길이다. 이 글을 읽는 동안 주변에 외롭게 살고 있는 사람은 없는지 한 번쯤 살펴볼 수 있는 여유로움을 기대해 본다.

고요의 옴니버스

「어제」는 내가 기억해야 할 것,

「오늘」은 내가 부딪히며 알아야 할 것,

「내일」은 내가 깨달은 것을 늘 잊지 않고 살아 내야 할 것,

「그리고 우리」는 함께 살아가는 우리들의 기쁨이나 아픔을 공유하며 살아가야 할 것 등이다.

나를 포함하여 남아 있는 나날이 살아온 날보다 적은 사람들에게 꼭 들려주고 싶은 딜런 토마스의 시 구절이 있다.

"밤의 어둠 속으로 순순히 들어가지 말라. 빛의 소멸에 분노
하고 분노하라."

차 례

어제

칸트에게 길을 묻다

.+.

어느덧 10월도 중순을 넘어가자 볼에 와 닿는 바람이 싸늘하다.

갑작스럽게 으름장을 놓는 겨울에 밀려 가을은 저만치 앞산으로 달려가 빨갛게 숨을 토해 내고 있다. 바쁜 나날 속에서 가을이 익어 감을 체감치 못하고 그 흔한 눈길 한 번 주지 못한 채 벌써 떠나보내게 되는 가을의 쓸쓸함이다.

벤치에 앉아 굴러다니는 낙엽을 보며 가는 가을을 아쉬워하다 문득 내가 보고 있는 저 은행나무는 무엇인가, 생각한다. 초록이 무성한 아름드리나무가 아니라 잎 떨어지고 초라하더라도 나무임에는 변함이 없다. 결국, 나무의 역할과 본질에는 변한 게 없는데 쓸쓸해야 할 이유도 없는 것이다. 계절도 시간의 흐름에 따라 변화하고 있는 것이지만 내가 보고 있는 이 공간과 나무가 존재한다는 사실은 시각으로 확인할 수 있는 현상계일 뿐 우주 전체로 본다면 커다란 자연에 속해 있는 물자체物自體라는 것일까?

지난달 종강한 지역 도서관 철학 수업에서 배운 임마누엘 칸트의 물자체 이론에 대해 생각해 본다. '칸트' 하면 녹음된 레코드처럼 재생되는 『순수 이성 비판』, 『실천 이성 비판』, 『판단력 비판』이었지만, 내용도 파악 못한 채 나이만 먹은 것이었다.

『순수 이성 비판』은 인간은 무엇을 알 수 있는지를 다루었고, 『실천 이성 비판』은 인간은 무엇을 행해야 하는지를, 『판단력 비판』은 인간은 무엇을 희망해야 좋은지를 어렴풋이 알게 해 주었다. 철학 강의를 듣고 보니 갑자기 그의 생애와 이념이 궁금해졌다. 칸트는 어려운 환경에서 힘들게 살아온 가장으로서의 고뇌를 안고 있었고 학자로서의 신념과 철학에 관한 연구와 성찰로 일관

되게 살았던 분이다. 다양한 분야의 저서에서 엿볼 수 있는 그의 박학다식에 상대되는 내 얕은 지식의 한계를 느끼자 그에게 경외감이 들었다.

"마음의 깊은 심연으로 들어가야만 가능해지는 자기 자신을 도덕적인 존재로 인식하는 일은 모든 인간적 지혜의 시작이다."

임마누엘 칸트는 동프로이센의 수도이자 국제적인 항구 도시인 쾨니히스베르크의 마구 제조업자의 아홉 명의 자식 중 넷째로 태어났다. 그 후 프리드리히 콜레기움(오늘날의 김나지움에 해당하는 학교)에 다니며 교장이자 신학 교수인 슐츠의 도움을 받게 된다. 13세에 그의 정신적 멘토였던 어머니를 잃은 것은 그의 가장 큰 슬픔이었다. 쾨니히스베르크 대학교에서 수학과 자연과학 그리고 신학과 철학을 공부했고 대학을 졸업한 후 아버지의 죽음으로 가족들의 생활비를 벌기 위해 가정교사를 선택한다. 그에게는 어린 동생들을 부양해야 할 의무가 있었기 때문이다. 그 후 강단 형이상학, 그리고 자연과학과 물리학을 배우게 된다. 칸트 철학의 핵심 개념인 이성과 자유는 프랑스 혁명 시대의 주요 개념이 되었다.

칸트의 저서는 인문학 분야뿐 아니라 지리, 수학, 천문학 분야 등 다양하고 방대하다. 그는 오로지 독서와 토론, 탐구의 자세와 상상력에서 결과물을 만들어 냈다. 규칙적이고 엄격한 생활과 식습관이 건강을 뒷받침해 주었고, 오래도록 교수와 학자의 정신으로 살아온 위대한 지식인이다. 그에 비하면 보잘것없는 내 인생이지만 앞으로 남은 삶을 어떻게 살아가야 하는 것인지 문득 200여 년 전의 칸트에게 삶의 길을 물어본다.

5척의 단신에 굽은 어깨, 퍼루크를 쓰고 지팡이를 짚고 산책을 하는 칸트. 늘 규칙적인 산책 시간을 어긴 적이 없었지만 예외는 있었다. 그는 어느 날 『에밀』을 읽다가, 또 하루는 프랑스 대혁명이 일어난 날 신문을 보다가 산책 시간이 늦어져 버렸다고 했다. 루소의 『에밀』을 읽으며 그의 사상과 교육이념에 푹 빠져 버린 것이었다. 본래 착했던 인간의 심성이 문명에 의해 황폐해졌고, 그에 따라 적은 수의 특권 계급이 많은 사람을 짓누르게 되었다. "자연으로 돌아가라."라는 루소의 주장. 그것은 '선'을 실천해야만 하고 이 세계에서나 더 넓은 세계 밖에서도 무조건적으로 선하다고 볼 수 있는 것은 오직 '선의지'뿐이라며 선을 최대의 도덕적 과제로 삼은 그의 이념과 연결되었다. 『에밀』을 통해 그의 사상이 인간성 존중으로 돌아섰다는 것은 그 영향이 컸다는 것을 알 수 있다.

당신은 학자가 되어 한 걸음 진전할 때마다 자신의 만족과 인류의 영광이라고 생각하셨다지요?

"나는 무식한 천민을 경멸하고 있었다. 그런데 루소가 나를 바로잡아 주었다. 그러한 환상 같은 특권 의식은 이제 없어지게 되었다. 나는 인간을 존경하는 법을 배웠다. 그리고 인류의 권리를 확립하려고 하는 이러한 관점이 다른 모든 사람에게 가치 있는 일이 되지 못한다면 나는 자신을 보통의 노동자보다도 훨씬 쓸모없는 자라고 보아야 마땅할 것이다."라고 그는 말했다.

나는 그와 발을 맞추며 천천히 걸음을 옮겼다.

평생을 정확한 시간에 산책하는 당신처럼 훌륭한 대

철학자도 훗날 프리드리히 빌헬름 2세와 같은 권력자들 앞에 굴복하신 건가요? 당신이 생각하는 신의 존재와 종교인들이 생각하는 신의 존재의 차이는 무엇인가요?

"신이란 스스로 존재한다거나 이 세상을 창조하고 섭리해 나가는 절대자가 아닙니다. 그것은 인간의 이성에 의해 '도출'되고 '요청'된 것입니다. 『순수 이성 비판』에서 신은 분명히 존재한다고 했지만 신이 모든 것을 창조하고 관할하는 것은 아니고 단지 알 수 없는 세계에 속해 있다는 것입니다. 우리는 그것을 느낄 뿐이지 직접 볼 수는 없습니다. 종교는 도덕의 기초 위에서 생겨난 것이며, 그 과제는 도덕을 촉진시키는 데에만 있습니다."

즉, 그는 도덕적 의무를 신의 명령으로 보아야 한다는 것이다. 그는 기존의 종교인들이 믿고 따르는 하나님의 은총이나 기적을 믿지 않고 종교는 인간의 자유의지에 바탕을 둔 도덕적 행위를 실천하기 위한 것이라 생각했다.

칸트의 종교 사상과 이론을 이유로 프리드리히 빌헬름

2세는 어떠한 강의나 저술 활동을 해서는 안 된다고 명했다.

"만일 어떤 사람의 말이 모두 참이라 할지라도, 모든 진리를 공공연하게 말해야 하는 것은 아니다."

"오늘날과 같은 때에 침묵을 지킨다는 것은 신하의 의무이기도 하다."

그는 국가의 통치자에게 복종하는 것 또한 인간의 의무를 다하는 것이라 여겼기 때문일 것이다.

칸트는 끊임없이 탐구하며 철학의 지평을 연 위대한 철학자였지만 80세까지 평생을 홀로 쾨니히스베르크에서 연구와 강의를 하며 살았으니 학문과 철학이 그의 동반자라고 해도 과언이 아니다. 너무도 철저하고 규칙적인 생활로 칸트를 모셨던 하인도 스트레스로 인해 알코올 중독자가 되었다고 하지만 그런 그의 성격으로 훌륭한 저서들을 남길 수 있었을 것이다.

나는 칸트에게 어떻게 살아가야 현명할지를, 그 길을 가르쳐 달라고 말하고 싶었다.

"나에게서 철학을 배우지 말고 철학 하는 것을 배워야 한다. 철학은 단지 흉내 내기 위해 배우는 것이 아니라,

생각하는 방법을 배우는 것이다."라고 그는 제자들에게 얘기했다.

철학 수업을 듣기 위해 12주 동안 열심히 도서관을 다닌 나는 대체 무얼 배운 것일까? 공부하는 흉내만 내는 것은 아니었을까? 내 마음속에서 생겨나는 명령에 무조건 따라야 한다는 그의 '정언명법'을 기억하자. 그것은 도덕적 의무와 행동을 얘기한다.

"너는 언제나 네 의지의 준칙이 동시에 보편적 입법의 원리로서 타당하도록 행위하라!"

사랑, 선행, 자비심, 용서 같은 도덕의 원리에 위배되지 않는 행위를 하며 살아가라는 것이다.

장시간의 독서를 하고 방대한 책을 집필했기 때문이었을까 굽은 어깨가 안쓰러워 보인다. 가족들에 대한 의무감과 희생, 그리고 근검, 절약 정신과 오직 순수 학문만을 추구했던 그의 삶이 외롭게 다가온다. 은행잎 떨어져 노란 길을 퍼루크 쓰고 등 굽은 왜소한 몸의 거인이 걸어가고 있다.

칸트의 묘비에 새겨진 문구는 그의 마음을 대변한다.

"내가 오랫동안 생각하면 할수록, 감탄과 외경을 내 마음속에 채우는 두 가지가 있다. 그것은 내 머리 위에 별이 총총한 하늘과 내 마음속의 도덕률이다."

기다림이 아름다운 날

　부딪히는 바람의 무게도 훨씬 가벼워졌고 온도도 적당해 산책하기에 좋은 봄날이다. 유난히도 추웠던 겨울이었기에 더더욱 그리웠던 봄이다.

　아들과 상쾌한 봄을 만끽하며 걸어가다가 문득 "이젠 봄이지? 나는 이런 날이 참 좋아." 하늘과 바람을 안으며 내가 말했다.

　"그게 뭐? 왜 좋은데?"

　"응, 걷고 있는데 마냥 기분이 좋다고."

　나는 미소 짓고 있었다. 봄을 기다리는 것은 따뜻함과 함께 희망을 기다리는 것이다. 만물이 소생해 새롭게 시작될 날을 기대하며 매서운 겨울을 무던히 견뎌 내는 것이다.

기다림은 삶이 무의미하고 퇴색되어 가는 이들에게 살아가는 의미를 부여하기도 한다. 왜 살아야 하는지 이유를 만들어 주는 것이다. 우리의 삶은 기다림의 연속성 위에 놓여 있다. 떠난 사람을 기다리는 것처럼 첫눈을 기다리고, 건조한 삶을 적셔 줄 봄비를 기다리기도 하며 뜨거운 여름과 바다의 정열을 기대하다가도 문득 낙엽 지는 낭만의 계절을 그리워하기도 한다. 끊임없이 기다리고 또 다른 무언가를 기다리며 살아가는 것이다. 누군가를, 무엇인가를, 기다릴 무언가가 있다는 것은 다행한 일이다.

한 사람을 만나기 위해 기다리는 시간은 오로지 그 사람을 위한 시공간이며 기다리는 자의 즐거움이다. 그의 생각, 사랑, 말투, 그가 좋아하는 노래, 그의 습관, 그의 모든 것을 생각하며 기다리는 것이 오로지 행복임을 기다려 본 사람들은 안다.

네가 오기로 한 그 자리에 / 내가 미리 가 너를 기다리는 동
안/ 다가오는 모든 발자국은 / 내 가슴에 쿵쿵거린다 / 바스
락거리는 나뭇잎 하나도 다 내게 온다/ 기다려 본 적이 있는
사람은 안다 / 세상에서 기다리는 일처럼 가슴 애리는 일
있을까

— 황지우, 「너를 기다리는 동안」 중에서

기다림의 애틋함이 고스란히 묻어난다. 청량한 봄바
람을 마주하며 처음 기다림의 미학을 알게 된 열다섯
살의 봄 속으로 걸어 들어간다.

개나리가 지천으로 활짝 피어 있는 어여쁜 꽃길을 새
로 장만한 봄옷을 입고 걸어가고 있었다. 옷 사이로 서
늘한 바람의 기온이 느껴졌지만 따스한 햇살로 조금은
데워질 수 있는 봄날이었다. 징검다리를 건너듯 볕이 비
추어 주는 길을 찾아, 개나리꽃 흐드러지게 핀 길을 걸
어 친구에게로 갔다. 아주 먼 길이었지만 걷는 내내 온
통 설렘이었다. 약간의 다툼이 있는 뒤로 몇 주째 만나
지 못한 소원함에 나의 발걸음은 빨라졌다. 곧 만날 수
있을 거라는 기대감에 부풀어 올랐으나 친구는 부재중

고요의 옴니버스

이었다. 툇마루에 걸터앉아 사그라지는 햇살을 받으며 친구를 기다리는 동안 시간의 흐름 또한 침묵하고 있었다. 모퉁이를 돌아 나오는 찬 바람이 잠깐 원망스럽기도 했지만 흔들리는 대문을 바라보며 친구이기를 간절히 바라고 있었다. 언제고 돌아올 것을 알기에 오지 않는 친구를 원망하진 않았다. 기다리고 있는 나를 보고 그동안의 서운함이 반가움으로 바뀔 상상을 하며 기다렸다. 얼마나 시간이 흘렀을까, 해가 서산으로 넘어갈 즈음, 석양과 함께 들어오는 친구의 모습이 너무도 눈이 부셔 나의 추위는 온데간데없었다. 기다림이 희망의 시간임을 조금 알게 되었다. 따뜻한 방에서 언니가 차려주는 소박한 저녁을 같이 먹으며 나의 기다림이 결코 외롭지 않았음을 느꼈다.

친구와 나는 가끔 만나러 가는 길이 엇갈려 서로의 집 앞에서 한참 동안 기다리다 온 적도 있지만, 서로에 대한 원망은 없었다. 졸업, 생일, 입학 등 내게 중요한 일이 있을 때마다 늘 나와 함께 한 서로에 대한 믿음 때문이 아니었을까. 그 후로도 친구는 학교에서 돌아오지 않는 나를 집 앞에서 기다리다 갔고 나도 오지 않는 친구를 기다려 주며 우리의 학창 시절은 갔다. 시간의 흐름에 맞추어 우리의 관계도 각자 제자리를 찾아갔다.

인생에 있어 가장 거룩하고 큰 기쁨이 된 기다림은 우리 아이들을 기다린 시간이었다. 어제, 조카의 아기가 태어났다고 언니가 기쁜 소식을 올렸다. 엄마의 입원 소식으로 모두가 우울하던 차에 기쁘고 활력이 되는 뉴스를 전해 주었다. 엄마 간병을 위해 잠깐 대구의 병원에 내려와 있던 언니는 전화를 받는 순간 눈물이 주르륵 흘렀다고 한다. 가슴이 뛰고 감정이 솟구쳐 올라 마구 눈물이 나더라는 것이다. 언니가 손녀와 만날 그 시간을 얼마나 설레는 맘으로 기다렸을까. 그 눈물은 10여 개월 기다림과 맞바꾼 감동의 실체였다.

얘기를 듣는 순간 30여 년간 잊고 살았던 우리 아이들의 출생 순간을 떠올렸다. 첫애와 만나길 고대하며 기다린 시간은 길고도 바쁜 나날이었다. 곧 만날 아이를 생각하며 10개월 동안 나는 눈멀고 귀먹었다. 나쁜 것은 보지도, 듣지도 않으며 하루가 전부인 것처럼 오로지 아이와 교감하는 데 최선을 다했다. 밥을 먹어도, 잠이 들어도, 누군가를 만나도, 오직 아이만을 생각했던 시간이었고 엄마가 되기 위해 부지런히 준비했던 기다림이었다. 둘째, 셋째도 그렇게 기다려 마침내 아이들과의 만남이 성사되었다.

그 시간은 아이를 가진 세상 모든 부모에게 숭고하고 행복한 기다림의 나날이었으리라. 가장 자랑스럽고 귀한 선물을 받은 내 생에 축복 같은 나날. 기다림이 희망을 잉태해 태양과 바람의 손길로 어루만지고 서로의 존재를 확인하며 기다림이 무르익어서야 아이를 만난다. 그 기나긴 기다림의 끝은 감동의 눈물만이 있을 뿐이다.

비 오는 날의 어느 저녁, 남편을 기다리며 빛이 거의 사라진 어둠 속에서 하늘을 보았다. 저녁부터 줄곧 내리는 비는 땅과 산과 건물을 차례로 적시고 밤이 되어서야 물줄기가 되어 도로 위로 마구 흘러가고 있었다. 그를 기다리는 동안 몇 개의 헤드라이트가 물 위를 비추며 달려오고, 기다리던 그가 왔을까 하고 반갑게 바라보다 매몰차게 쏟아붓는 물세례를 맞곤 했지만 그다지 싫지는 않았다. 우산 위로 떨어지는 빗소리와 지상으로 내려오는 빗방울의 소나타가 너무나 아름다워 매료되어 있던 터였다. 가로등 빛을 받아 하얗게 떨어지는 비를 바라보며 앞산의 검은 능선과 빗방울 머금고 있는 꽃나무와 개울처럼 흘러가는 바닥을 보며 한껏 행복해하고 있었다.

오후부터 구름이 산허리까지 내려와 는개가 온 도시에 내리며 신비로운 자연의 풍광을 연출했다. 저녁 무렵부터 긋기 시작한 굵은 빗방울이 산과 땅으로 스며들어 비에 투영된 맑고 청아한 지구가 어찌나 아름다운지 이처럼 아름다운 곳에 살고 있다는 게 얼마나 행복한 일인지 우산을 던져 버리고 빗속을 마구 뛰어가고 싶은 충동에 사로잡혔다. 남편을 기다리는 이 시간조차 그대로 멈추게 하고 싶었다. 시간이 멈추고 비가 잠시 허공에 서 있는 상상을 하며 물이 얕은 곳을 찾아 총총거리며 뛰어다녔던, 비와 함께한 아름다운 봄밤이었다,

좋아하는 누군가를 기다리는 시간은 기쁨이며 즐거움이어서 그를 만난다는 생각만으로도 행복하다. 혹 만나고 싶지 않은 사람을 기다릴 땐 약속 시각을 지난 5분의

고요의 옴니버스

인내조차도 아까운 일이지만 진정 좋아하는 사람에겐 30분, 설령 한 시간의 기다림이라 해도 결코 조바심을 내지 않는다. 그 사람을 생각하며 책을 읽거나, 마음을 담은 편지 한 장 적어 봐도 행복한 일이다. 굳이 우편으로 부치지 않더라도 가끔 삶이 팍팍하다고 여겨질 때 나 혼자만의 노트를 들추어보면 살아가는 또 다른 활력이 될 수도 있지 않을까.

기다림의 미학은 건축에서도 빛이 난다. 스페인의 대건축가 안토니 가우디의 작품 사그라다 파밀리아 성당이 144년의 공사 기간을 거쳐 2026년에 완공될 것이라는 뉴스를 접했다. 1882년에 착공을 시작해 우여곡절을 겪으면서도 건축은 계속되어 건축가 안토니 가우디의 사후 100주년을 기념해 드디어 완공된다고 한다. 참으로 숭고하고 아름다운 기다림의 완성이다. 그 누구도 범접할 수 없는 천상의 축복 어린 고귀한 기다림이다. 기다림은 그저 아름답다.

온다는 것

✴

　가을의 끝자락, 바람에 떠밀려 좌우로 흩어지는 가을의 잔해를 눈으로 쫓으며 추풍삭막秋風索莫이란 말을 떠올린다. 매몰차게 밀어붙이는 세월의 기세에 앙상한 그루터기 뒤로 숨어 버린 가을은 그야말로 삭막하나 패자의 비겁함이 아니라 차라리 자신을 스스로 내어 주는 겸손에서 오는 희생이리라. 마른 덤불 속에서 인내하는 고행자의 모습으로 자연의 질서와 겸허의 미덕을 배우며 긴 겨울을 끝내면 이내 다시 무성해질 내일을 준비하고 있을 것이다.

　그동안 살아왔던 나의 시간은 어떠했는가? 더듬어 보

고요의 옴니버스

건대 나무처럼 찬란하고 무성했던 시절이 한 번이라도 있었던가. 흩어지는 가을의 잔해들은 이루지 못한 꿈의 부스러기들이며 내 젊음의 추풍삭막이다. 결혼 생활 30년 차, 그동안 인내하며 살아왔던 내면의 시간이 오로지 아이들을 위한 꽃으로 다시 피울 수 있다면, 아름드리 열매를 맺을 수 있다면 한때의 영광과 무성함 따위 잊어버려도 되었다. 그것이 오롯이 내 계절이었기를 바랐다.

딸이 예약해 둔 호텔에 짐을 부리고 근처를 산책하다 소박한 한식을 먹었다. 말이 소박이지 갖출 건 다 갖춘 식사여서 꽤 흡족함을 안겨 주었다. 손님을 대하는 주인의 정성이 언젠가는 빛을 발하기를 기원하며 맛있게 잘 먹었다고 진심 어린 감사의 인사를 했다. 옆 건물에 조명이 화려한 근사한 2층 건물 카페가 눈에 띄었다. 커피의 고장이니만큼 커피를 마시지 않을 수 없다. 늦은 시간이라 카페인으로 인한 불면의 밤을 예상하면서도 커피를 주문했다. 강릉의 박이추 명장의 커피 맛에 비할 바는 아니었지만 그래도 훌륭했다.

조용한 카페에서 조용한 시간을 보내고 호텔로 돌아오는 길에 천천히 해변을 산책했다. 정말 모처럼 마주하는 밤바다의 모습이다. 즐거움 가득 담긴 진짜배기 나의 웃음소리가 어둑한 해변을 굴러다니다 폭죽과 함께 날아올랐다. 뭇 아이들이, 뭇 젊은이들이 쏘아 올리는 폭죽이 시원하게 터지며 무겁게 쌓아둔 일상들도 일제히 타오르며 올랐다. 불꽃은 하늘 높이 올라가 흐린 밤하늘 구름 사이로 숨어 있다 간간이 비가 되어 흩뿌렸다.

서른 번째 맞는 결혼기념일. 축하받아야 할, 스스로 대견하다 할 수 있는 날이지만 그날이 다가오면 늘 쑥스럽다. 잘 살아온 시간도, 그렇다고 후회되는 부부의 시간도 아니지만, 아직 "여보."라는 호칭조차 쑥스러워 입밖에 내지를 못한다. 밤이 그럴싸하게 깊어 가는 시간, 남편은 내처 잠이 들고 그냥 잠들기에 아쉬운 호젓한 공간에 챙겨 간 몇 권의 책을 펼쳤다. 우선 갓 세상에 나온 내 수필집 『틈』을 펼쳐 목차를 쭉 읽어 내려가다 보면 즐겁고도 아팠던 추억들이 되살아난다. 혹시 잘못된 것은 없는지 몇 작품을 골라 읽어 보고 덮는다. 소중한 시집을 받고도 그동안 책을 펴내기에 바빠 읽지 못했던 시집을 펼쳐 '시인의 말'부터 읽어 내려간다. 시인이 써 내려간 고운 시어 속에서 아직 가꾸어지지 못한 나의 편린들이 가라앉는다. 시는 내 마음속에 깊숙이 스며들지만 스며들기만 할 뿐 정제되어 나오는 감정을 서술하기에 내 능력이 턱없이 부족하다는 걸 안다.

새벽 2시, 남편의 곤한 숨소리에 오늘 하루도 힘들었을 가장의 시간을 되새겨 본다. 힘들어도 힘들다고 투정 부리지 못하는 가장의 비애. 육체적으로 지치고, 정신적으로 힘든 것이 모든 가장의 고충이다. 등산의 매력에 푹 빠져 하루가 멀다 하고 산에 오르는 운동량으로 부쩍 좁아진 그의 어깨가 안쓰럽다. 세월의 허전함과 무상함을 운동으로 발산하려는 것이었을까. 예전에는 내가 안기기에 부족함이 없는 품이었는데 지금은 내가 대신 감싸 주고 싶을 만큼 측은하다.

깊어 가는 어둠 속으로 철없는 젊은 취객들이 폭죽을 터뜨린다. 그들의 절규와 폭죽 소리가 조용한 밤하늘에 무겁게 울려 퍼진다. 밤이 깊다 못해 새벽이 밀려오는 시간에 철없이 깨어 있는 나도, 조용히 일출의 장관을 숨죽이며 기다리는 바다에 무지막지하게 폭죽을 쏘아 올리는 그들도, 둘 다 다를 게 없는 철부지다. 폭죽 터지

는 소리에 몇 사람은 자다가 경기를 일으키게도 했을 새
벽이다. 김영삼 시인의 시집『온다는 것』, 작가의 말부터
마지막 시「반달」까지 고스란히 담겨 있는 작가의 심경
을 읽어 내려갔다. 수줍은 듯 조용히 그러나 거침없이
시어를 펼치는 작가의 내면에서 그의 품성을 엿볼 수 있
었다. 올곧은 마음과 조용하게 현실을 살아 내면서도 쉽
게 세상과 타협하지 않는 시인의 군건함에 잠시 탄복하
지 않을 수 없었다.

　시인은 시의 소재가 되는 모든 것들이 오는 것을 온몸
으로 받아 낼 준비를 하고 있었던 게 아닐까 싶다. 서서
히 내 몸으로 들어온 것들이 나와 하나가 되어 새롭게
감정을 정화시키고 있다는 것을 느낄 수 있었다. 시를
통해 내 마음에 전해져오는 시인의 마음을 이해해 보려
한다.

　시집을 덮자 밖은 어느새 여명이었다. 창문을 열고 베
란다로 나가니 차가운 타일 위로 초겨울이 내려와 하얗
게 앉아 있다. 까치발을 하고 어둠과 빛이 뒤섞인 가까
운 바다를 바라보았다. 오늘 동해는 화려한 일출의 장관
을 쉽게 보여 줄 마음이 없어 보인다. 뿌연 하늘 사이로

살짝 얼굴을 보여 줄까 말까 밀당을 할 심산이다. 오랜만에 멋진 일출을 기대한 것이 아쉽지만 구름 사이로 살짝 내민 간헐적 눈부심에 만족할 수밖에 없다. 포기란 가끔 빠를수록 좋은 것이다.

불면으로 건조해진 눈을 잠시나마 휴식하기 위해 침대로 들어간다. 호텔의 침대는 늘 느끼는 것이지만 단단하게 끼워진 침낭 속으로 비집고 들어가는 느낌이다. 다행히 뽀송뽀송함이 살아 있어 답답함은 덜하지만, 넓으나 활동이 통제되는 느낌은 어쩔 수 없다. 빼기도 힘든 시트를 정리해서 집어넣을 때마다 호텔 메이드의 노력이 얼마만큼 들어갈까 안쓰러울 뿐이다. 창밖은 점점 밝아지고 내 눈은 더욱 초롱초롱해진다. 평소의 아침 운동 시간에 맞춰 기상한 남편은 아직 잠들지 못한 나를 놀란 표정으로 쳐다본다. 등을 토닥거려 주며 이제 잠들라고 한다. 밤이 재워 주지 못한 시간을 한 남자가 재워 주고 있는 것이다.

단잠에서 깨고 싶지 않지만, 시간의 구애를 받는 나는 어쩔 수 없이 일어나 슬슬 뷔페식당으로 갔다. 얼마나 많은 사람이 아침 뷔페를 먹기 위해 그 많은 좌석을 다

채우고 앉아 있는지 신기할 뿐이었다. 많이 먹지 못하는 나에게는 늘 본전 생각나게 만드는 곳이 뷔페지만 예약해 준 딸의 마음이 가상해 허투루 먹을 수는 없었다. 평소에 쉽게 먹지 못하는 재료들로 골라 담아 한 접시를 만들어 왔지만 무엇을 먹고 있는지 맛을 알 수 없다. 벌써 두 접시를 비운 남편을 보며 한 사람이라도 잘 먹을 수 있어서 참 다행이라는 생각이 들었다.

객실로 들어와 짐을 챙기며 텔레비전 뉴스를 켰다. 난데없는 청천벽력 같은 뉴스가 계속 보도되고 있었다. '이태원 참사.' 들어 보지도 못했고 상상조차 못했던 사고, 핼러윈 축제로 이태원에 밀려든 인파들. 그 많은 사람으로 꽉 채워진 골목에서 움직이지도 못한 채 군중에 눌려 혹은 그 자리에 서서 사람들이 압사했다고 한다. 하늘도, 바다도 아닌 길에서, 그냥 축제를 보러 왔다가 집으로 돌아가는 길에 사람들에 떠밀려 꽃다운 목숨을 잃어버린 159명. 후진국에서나 있을 법한 인명 경시의 안전 불감증이 큰 참사로 이어져 수많은 사상자를 낸 안타까우면서도 수치스러운 날이었다. 경찰이 철저히 통제

고요의 옴니버스

를 해 주었으면 그렇게 많던 아이들이 떠밀리다시피 죽음의 길로 들어서진 않았을 텐데 생각하니 가슴이 우벼져 왔다. 행복했던 어제, 저녁 바다를 산책하며 즐거움을 만끽하고 있었을 시간에 아이들은, 젊은이들은 그곳에서 119를 호출하며 죽어 가고 있었던 것이 아닌가. 나는 충격으로 한동안 멍하니 있다가 불현듯 아이들에게 전화를 걸었다. 한 명 한 명 무사히 전화를 받고 나니 안심이 되었다. 불행 중 다행인지 둘째는 지난주에 이미 친구들과 그곳을 다녀왔다고 했다.

결혼기념일도 핼러윈 축제도 모든 것이 사람이 더불어 살아가며 치르는 기념일 중의 하나이지만 한쪽에서는 돌이킬 수 없는 슬픔의 도가니가 되어 버렸으니. 하늘이 무너지는 충격을 유족들은 어떻게 견뎌 낼까 생각하니 한숨만 나온다. 기성세대의 무관심이, 행정 안전의 절대 책임자들의 무능함이, 끔찍한 결과를 불러온 것이다. 미안하다. 그리고 너희들의 죽음을 향해 손가락질하는 사람들의 비정함에도 용서를 구한다.

'온다는 것.' 희망과 즐거움 또는 기쁜 일들과 함께 슬픔과 충격 그리고 고통 또한 늘 같이 올 수 있다는 것을 뼈저리게 알게 되었다. 누군가에게 탄생의 기쁨이 있다면 같은 시간 누군가에겐 죽음의 순간도 올 수 있다. 희생자들과 함께 멈춘 유족의 시간, 되돌릴 수 없는 그들의 시간을 무엇으로 메꿀 수 있겠는가, 한밤중 쏘아 올린 폭죽은 이태원에서 죽어 간 젊은 주검들을 위로하기 위한 의식이었을지도 모른다는 생각이 불현듯 들었다. 이미 소식을 듣고 하늘로 간 또래 친구들을 위해 쏘아 올린 슬픔이고, 새벽하늘이 그리 어두웠던 것도 화려한 일출을 쉬이 보여 주지 못하는 하늘의 근심이었을까 생각해 본다. 저녁 무렵 언니에게서 전화가 왔다. 어젯밤 친구의 조카가 이태원 참사 현장에서 죽었다고 했다. 안타깝게 져 버린 꽃 같은 시간, 가여운 주검들. 슬픔의 시간은 결혼기념일 밤 떨어지는 불꽃과 함께 무겁게 내려앉았다.

흑심을 품다

초여름 더위가 30도 가까이 오르며 기승을 부리더니 오늘 낮 수은주가 한여름을 찍었다. 차에서 내리자마자 길고양이가 더위를 피해 차 아래로 숨어들듯이 태양을 피해 콘크리트 건물로 찾아들었다. 입구에서부터 화려한 색상의 연필 꾸러미로 디자인된 벤치와 연필 모양의 안내판이 시선을 끌며 여기가 '연필뮤지엄'임을 한 번 더 상기시킨다. 아담한 4층 건물로 2층, 3층이 전시관이며, 4층은 전망 좋은 카페다. 각종 연필과 박물관 기념품 등을 판매하고 있는데 커피 맛도 괜찮다고 입소문이 나 있었다. 야외 테라스에 앉아서 탁 트인 바다의 풍경과 옛 어촌의 정겨운 느낌을 그대로 관망할 수 있는 편안한 곳이다. 전 세계에서도 몇 안 되는 박물관이고 우리나라에선 유일하다는 직원의 설명을 들으니 지역 주민으로서 가히 자부심을 가질 만하다.

연필의 탄생 과정과 제작 과정 그리고 월트 디즈니 캐릭터 기념 연필의 종류를 다양하게 전시하고 있는 전시실, 세계 곳곳에서 수집한 진기한 디자인의 연필들, 이어령, 김훈 작가 등 유명인들이 연필로 쓴 친필 원고와 건축가의 스케치를 볼 수 있으며 계단참에는 연필에 대한 궁금증 등을 풀어놓기도 했다.

연필 박물관이 뭐 별거 있을까 하고 기대하지 않고 찾아온 나는 전시관을 돌아보면서 점차 심장이 뛰고 가슴이 뭉클해지며 신기하게 유년 시절로 돌아가 있었다. 서툰 솜씨로 칼을 잡고 연필을 깎다 손을 다친 기억, 깎다 보면 심이 부러지고 다시 깎기를 몇 번 반복하다 보면 어느새 길이가 짧아진 연필, 엄마에게 꾸지람을 들으며 지원 요청을 하는 수밖에 없었다. 물자가 풍족치 못했던 시절이어서 몽당연필이라도 버리지 못하고 볼펜 자루에 끼워 겨우 깎아서 쓰던 시대에 맵시 좋게 쭉 빠진 연필

고요의 옴니버스

은 부의 상징이었다. 외국에서 온 친척이 형제가 많은 우리 집에 외국산 연필 몇 다스를 선물로 가져오면 어찌나 고급스럽고 매혹적인지 연필에서 눈을 떼지 못했다. 친구들한테 자랑할 생각으로 해가 뜨길 기다리며 잠을 설친 적도 있었다. 연필 박물관은 유년의 나를 만나게 하는 메타포였다.

초등학교 3학년 때 내 짝꿍은 심술궂기가 이루 말할 수 없었다. 엄마가 깎아 준 연필 몇 자루를 필통에 넣고 학교에 가면 어떻게든 트집을 잡아서 내 연필을 부러뜨리는 것이었다. 책상을 반으로 나누어 연필로 까맣게 줄을 그어 놓고 내가 조금이라도 선을 넘어오면 기다렸다는 듯이 연필을 부러뜨리며 심술을 부리곤 했다. 너무 속상해 몇 번이고 울기도 했지만 어떻게든 이기지 못한다는 사실에 더 약이 올랐다. 예방 접종 후 부어 있는 아픈 자리를 툭 치며 괴롭히던 원수 같은 존재로 일생에 그렇게 미워했던 사람은 없을듯했다. 어서 학년이 바뀌어 그 애와 헤어지는 것이 내 최대의 소원이었다.

당시 학급 인원이 80명 가까이 되었고, 한 학년 학급 수도 열다섯 반이 넘었으니 다시 만난다는 것은 거의 불가능한 일이었다. 5학년이 되어 우연히 그 친구를 만난 적이 있었다. 당시 여학생들은 쉬는 시간이 되면 운동장 한쪽에서 주로 고무줄놀이를 했고 짓궂은 남자아이들은 칼을 가지고 다니며 고무줄을 끊어 버리고 도망가기 일쑤였다. 남자아이들이 우리한테로 다가오자 여기는 건들지 말라고 그 친구가 막아서며 말렸다. 덕분에 우리는 맘 편하게 고무줄놀이를 즐길 수가 있었다. 나를 지독하게 괴롭혔던 그 친구의 흑심이 양심으로 돌아온 걸까? 지금은 중년을 넘겼을 나이가 된 그 친구가 밉게만 여겨지지 않는 것은 누구를 미워할 패기가 남아 있지 않다는 것이고 그만큼 늙어 간다는 얘기일 게다. 연필뮤지엄은 잠시 나를 초등학교 시절로 소환했다.

중학교를 지나며 친숙했던 연필은 점차 쓰임이 덜해지고 잉크 펜과 볼펜을 사용하는 시간이 늘어났다. 그러다 우리 곁에서 거의 자취를 감추게 된 건 고교 시절 샤프펜슬이 등장하면서였다. 그림자처럼 늘 곁에 있었음에도 기억 속에 갇혀 의식하지 못하다가 불현듯 오늘에야 그리움을 풀어내고 있었다. 우리는 연필로 글자를 배웠고 마음의 상처를 연필이 기록하며 어루만져 주고 성숙

고요의 옴니버스

해져 왔다는 사실을 잊고 살았다. 학창 시절의 동반자였던 연필이 샤프펜슬의 등장에 존재감을 잃고 추억의 뒤편으로 밀려나 여기서 누군가의 손길을 기다리고 있었다. 육각의 삼나무 속에 흑심을 감추며 언젠가 세상으로 나와 검은 선으로 빛을 낼 날만 기다리고 있었다.

연필은 흑연, 물, 점토를 농도와 경도에 따라 일정 비율로 혼합해 반죽하고 국수 가닥을 뽑듯이 뽑아내어 연필 길이로 재단해 1000도 이상의 고온에 구워 왁스를 발라 고정한다. 나무판 두 장에 연필심이 들어갈 정도의 홈을 만들고 한 장의 나무판 홈에 접착제를 바르고 구운 연필심을 넣고 나머지 판으로 덮어 압축 건조한다. 그리고 육각 또는 원형으로 성형해 페인트를 칠한다. 그후 연필에 지우개를 부착한 것은 아이디어의 한 수였다. 점토와 흑연의 비율에 따라 농도를 조절하는데 무난하게 쓸 수 있는 HB를 기준으로 B(black) 숫자가 높을수록 더욱 진하고 무르며, H(hard) 숫자가 클수록 연하고 단단해진다. 6B, 4B, 3B, 2B, HB, 4H, 2H 등 용도에 따라 다양하게 만들어지는 것이다.

연필은 모든 예술과 창작 활동의 베이스다. 건축가들도 설계하기 전에 연필로 스케치하며 화가들도 그림을 그리기 전에 연필로 밑그림을 그린다. 그리고 어떤 작가들은 아직도 작품을 쓸 때 연필을 고집하기도 한다. 연필로 글을 쓰면 다시 고쳐 쓸 수 있어 새롭다고들 하지만 나는 동심으로 잠시 돌아가 순수해지고 마음이 숙연해져 글이 과장되지 않고 오직 진실만을 묘사하고 싶어지는 것이었다. 가느다란 샤프심에 내 마음을 의지하기보다는 연필심이 주는 든든함에 생각을 맡기는 것이 안정적이지 않은가?

『철암에서 돌아오는 길』이란 소설을 읽은 적이 있다. 명문 대학교의 한 학생이 민주화 운동을 하다 경찰에게 쫓겨 탄광으로 피신했다. 그곳에서 관리직을 마다하고 광부로서의 삶을 선택해 살다가 무너진 막장에서 젊은 생을 마감한다. 그가 쓴 일기 중에서 평범하지만, 가슴에 와닿는 문장이 있었다.

"지상에서는 삽질 소리를 내며 끊임없이 과거를 묻어 가는 역사가 엮어지지만, 막장에서는 곡괭이 소릴 쉼 없이 내며 현실을 풍요롭게 하려고 수억 년 전 과거를 파헤친다. 인간들이 지금껏 하는 짓이 묻고 파냄의 반복일 게다. 그럼에도 탄 갈피에는 검어도 빛이 된다는 약호가 숨어 있다."

어둠의 끝에 찾아오는 것은 한 줄기 광명이다. 어둠은 기어코 빛을 만들어 내고야 만다. 검은 석유가 문명의 동력이 되고, 석탄이 연료가 되어 빛을 발한다. 연필 또한 역사를 기록하는 빛이 되기 위해 흑심을 보호하고 어둠 속에서 새로운 날에 광명을 밝힐 수 있는 때를 고대하고 있었는지도 모른다.

필기감이 좋고 부드럽다는 연필을 한 자루 샀다. 'BLACKWING.' 설레는 맘으로 연필을 깎아 글자 몇 자를 적어 보았다. 역시 필기감이 좋고 농도도 적당하고 글이 매끄럽게 춤을 춘다.

"새 연필을 찾아냈어. 지금껏 써 본 것 중에서 최고야. 물론 값이 세배는 비싸지만 검고 부드러운데도 잘 부러지지 않아, 이름은 'BLACKWING'인데 정말로 종이 위에서 활강하며 미끄러진다니까."

『에덴의 동쪽』의 저자 존 스타인벡의 찬사다.

이 연필은 나를 어디로 데려다줄 것인가? 이름처럼 내 글에 날개를 달고 좋은 방향으로 날아가는 것은 아닐까? 삼나무 속 깊이 감춰져 있는 흑심이 어떤 빛을 낼 수 있을 것인가, 내심 기대하며 써 내려간다. 연필은 과거의 나를 반추하며, 내가 나아가야 할 길의 밑 선을 그려 주는 듯하다. 연필과 내가 흑심을 품은 이유는 같다.

모천회귀

"병우야, 간다!"

누군가 던진 공이 마지막 남은 병우의 등을 사정없이 쳤다. 청군이 이겼다.

"아이, ××."

습관처럼 몸에 밴 욕지거리가 누군가의 입에서 튀어나왔다. 수줍은 봄 같은 초겨울의 하루. 친구들의 웃음소리와 함성이 푸른 하늘로 날아올랐다. 40여 년의 시간을 거슬러 올라 친구들은 어느새 까까머리 중학생과 단발머리 여학생이 되어 있었다. 풋볼, 업고 뛰어가 미션을 완수하기 등, 밀가루투성이 하얀 얼굴들이 서로를 보고 웃으며 운동회를 즐기고 있었다. 이곳은 삶의 고통도, 고독함도, 60이 된 노인도, 욕심도, 다 묻혀 버리는 곳이다.

이젠 까마득한 옛날이 되어 버린 우리들의 중학교 시절. 요즘이면 차를 타고 갔을 그 먼 길을 도시락과 말표 사이다 한 병, 삶은 달걀 두 개, 사과 한 개 넣은 가방을 메고 땀 흘리며 갔었던 봄 소풍, 장기자랑과 보물찾기로 하루가 짧게만 여겨졌던 즐거운 추억이었다. 봉사 활동을 하러 가 땡볕에 땀 뻘뻘 흘리며 농가 일손을 돕기 위해 보리를 베었던 기억도 난다. 작은 학교라 수시로 공사하며 확장을 했다. 일손이 모자라 가끔 체육 시간이면 줄지어 서서 벽돌을 옮기곤 했는데 불만 가득한 아이들의 입이 함지박만큼 튀어나와 있었다.

그 당시엔 힘들고 싫었던 기억들이 지금은 그리워질 나이가 되었다. 수업이 끝나면 배드민턴을 치거나 선생님들과 운동장에 둥그렇게 원을 만들어 배구 토스 연습을 하기도 했다. 공부에는 그리 관심이 없었던 나는 교내 활동만으로도 학교에 가는 게 즐거웠다. 교내 웅변대회가 있었고 영어 암송 대회도 있었던, 처음으로 다양한

고요의 옴니버스

경험을 하게 해 준 중학 시절이었다. 지나고 보면 초중고, 대학 생활 중에 가장 즐거웠던 시간인 것 같다.

그 추억 속의 까까머리 중학생들과 단발머리 여학생들이 모여 청군, 백군으로 나뉘어 제기차기 시합을 한다. 여학생들은 공기놀이엔 자신이 있었지만 제기는 차 본 적이 없었다. 기껏해야 둘, 셋이었지만 남학생들은 점차 자존심 대결로 확산되었다. 큰소리치다 열 개로 그친 친구, 스무 개 이상 차는 친구, 모두 천진난만했던 시절로 돌아가 있었다. 그 시절이 그리웠으리라, 그리고 동심에 머무르고 싶었으리라. 친구들의 웃음소리엔 빈부도, 직업의 귀천도 없다. 누가 무엇을 하든 어떻게 살고 있든 중요하지 않았다. 다만 함께 어울려 웃고 즐거워하며 건강한 모습으로 이 자리에 있으면 족한 것이다.

얘기들을 나누며 장난스럽게 웃고 있는 몇몇은 졸업앨범의 사진과 오버랩 된다. 그간 살아온 얘기들을 나누며 같이 공부했던 친구들의 근황과 보고 싶은 은사님들의 안부 등 궁금증을 풀어 가며 하루가 저물어 간다.

어떤 친구는 어둡고 힘들었던 그 시절이 괴로워서 얘기도 꺼내기 싫다고 하고 어떤 친구는 그 시절이 가장 좋았다고 말하기도 한다.

우리가 다녔던 학교는 실업계인 기술 중학교였다. 일반 과목 외에 남학생들은 기술을 배웠고 여학생들은 주산과 부기, 타자를 배웠다. 대부분이 환경이 어려워 고등학교로의 진학보다 빨리 사회로 나가 취업 전선에 뛰어들기 위해 선택한 경우라 꽤 힘든 시절을 겪은 친구들도 있었던 것 같다.

1970년대, 아버지는 집안 환경이 어려운 학생들을 위해 기술 중학교를 건립하셨다. 나의 중학 시절은 교장 선생님이신 아버지로 인해 대접받기도 했지만 가끔은 친구들에게 외면당해 외롭게 보낸 적도 있었다. 언니들에 이어 나까지 입학하며 왜 우리를 일반 중학교에 입학시키지 않았냐고 아버지께 항의한 적이 있었다. 아버지는 당신이 만든 학교에 자식들도 입학시키지 않는다면 누가 믿고 입학을 시키겠냐고 하셨다. 그 말씀에 우리는 더 이상 할 말이 없었다.

고요의 옴니버스

힘들고 괴로웠던 그 시절을 친구들은 잘 이겨 내었고 자랑스럽게 오늘에 이르렀다. 아무리 힘들었던 시간도 견뎌 내면 자기만족과 기쁨이 찾아오는 법이다.

친구들의 웃음소리와 건강한 모습을 보니 '모천회귀母川回歸'라는 말이 떠올랐다. 강에서 태어난 연어들이 넓은 바다로 나아가 거친 파도를 이겨 내고 태평양을 유영하며 살다가 다시 태어난 강물로 산란하러 되돌아온다. 세찬 강물을 거슬러 올라 마침내 그곳에서 산란하고 아름답게 죽어 간다.

고난을 이겨 내며 찬란하게 살다가 다시 고향으로 돌아온다는 의미에서 친구들의 삶과 일맥상통한다. 집을 떠나 고생하며 성공을 획득한 친구들은 자신의 고향, 이미 사라진 학교이지만 동기애로, 우리들의 추억만으로도 똘똘 뭉친다. 돌아올 곳이 있다는 것은 행복한 일이다. 내 가족이 있고 나의 친구들이 있는 고향. 돌아갈 곳이 있다는 것은 때론 살아가는 이유가 되기도 한다.

연어처럼 고향을 떠난 친구들이 세파에 흔들리면서도 어려운 여건을 잘 이겨 내고 동기회라는 뿌리를 찾아 이

자리에 모인 것이다. 모처럼 만난 친구들의 표정이 밝다. 최선을 다한 인생은 어디에서건 스스로 빛이 나는 법이다. 모천회귀란 단어가 이렇게 정겹고 따뜻하게 다가오기도 하는 것인가.

안도현 시인의 『연어』라는 동화 속에서 연어들은 말한다.

"거슬러 오른다는 것은 지금 보이지 않는 것을 찾아간다는 뜻이지, 꿈이랄까? 희망 같은 거 말이야. 힘겹지만 아름다운 일이란다."

행복의 조건은 무엇일까. 기거할 집이 있는 사람은 통장에 500만 원만 들어 있어도 든든하다고 하고 어떤 이는 몇천만 원은 있어야 안심이 된다고 하지만 100만 원만 있어도 별걱정 없다는 이들도 있다. 폐지를 주워 가며 모은 돈으로 1억 원의 장학금을 기부하는 어르신도 계시고 수십억의 재산을 가지고 있으면서도 교통 범칙금이 아까워서 안 내는 이도 있다. 각자 행복의 기준은 다양하지만, 예전 어느 책에서 행복의 조건에 대해 읽은 적이 있는 듯하다. '그 일을 하는 것이 정말 즐거운가? 다른 이들도 그렇게 생각하는가?'였다.

우리가 다시 모인다는 것은 45년 전 꾸었던 그 꿈을 잊지 않기 위함이고 아직 남은 생을 열심히 살아갈 수 있다는 희망을 찾기 위함이 아닐까? 각자에게 할당된 행복의 양을 찾아 연어처럼 이 자리에 모였으리라. 시끌벅적하던 체육 대회가 거의 막을 내릴 즈음 마지막 술잔을 기울이며 그리운 친구들의 이름과 은사님들의 모습을 되뇌어 본다.

'친구들이여! 앞으로 남은 우리 인생을 위해 건배!'

두 개의 하루

파도 소리가 세상을 깨우고 억지 잠을 청하는 내 영혼마저 깨운다. 자신의 힘을 과시하듯 파도를 일으켜 세상을 흔들어 대는 바다. 나는 그 중심에서 벗어나길 안간힘 쓰지만, 바다는 내 손을 꽉 잡고 내 귀에 파도를 불어 넣으며 내 심장까지 건드린다. 한 시간째 쿵쿵거리는 가슴을 다독이며 심호흡한다.

문을 열면 바다가 지척인 이곳은 강원도 고성의 한 아파트. 할머니의 생신을 맞아 아들이 회사의 휴양지를 예약했다. 각지의 형제들이 어머니 생신을 축하하기 위해 고성으로 모였다. 어머니는 점차 심해지는 요통을 견뎌

고요의 옴니버스

내며 두 시간 반의 힘든 시간을 참고 오셨다. 요통 또한 생의 증빙, 살아 있다는 것은 사자死者가 감히 넘볼 수 없는 산 자의 특권이며 남겨진 시간은 그나마 남은 생을 음미하며 곱씹어 보고 의미 있게 생을 살아 보라는 부상副賞이다. 그 의무를 받아들여야 하는 것이 인간의 숙명이다. 그리하여 오늘은 어머니에게 의미 있는 날이고, 다시없는 귀한 추억의 장이리라. 앞으로도 끊임없이 주어지는 행복이 아니기에 자식들에게도 이 시간이 소중하게 다가온다. 맛있는 음식과 케이크, 다 함께 부르는 축가와 선물 증정, 어머니의 미소 속에 무르익어 가는 파티, 형제들이 즐겁게 여담을 나누고 왁자했던 생신 파티가 끝났다. 즐거움은 각자의 베개 속에 쟁여 넣고 잠이 든 늦은 시각, 바다의 독주와 파도의 운율에 나의 상념만 깨어 있다.

오늘 소중했던 추억과 생의 편린들을 고이 접어 생을 마감하고 떠나 버린 한 분, 망자의 삶이 안타깝게 다가오는 시간이다. 낮의 장례식장에서 뵌 큰어머니의 영정 사진이 자꾸만 눈에 어른거린다. 몇 년 전 뵈었던 모습

과는 달리 찍어 놓은 지 한 20년은 되었음 직한 고운 얼굴, 바래지 않은 선명한 사진은 평생을 홀로 견디고 사셨던 고인의 절개만큼이나 고운 색상을 유지하고 있다. 카메라에 찍히는 것이 쑥스러운지 어색한 미소를 지으시는 큰어머니는 평생을 돌아오지 않는 지아비를 기다리며 홀로 살아오셨던 한 많은 인생이었다. 설령 다른 삶을 사셨다 한들 누구 한 사람 원망할 수 없었던 오랜 세월을, 지고지순한 사랑으로 인내의 시간을 견뎌 오신 것이다. 그리움은 종내 원망으로 바뀌어 베틀에 앉아 길쌈으로 긴 밤의 고독을 달래며 셀 수도 없는 밤을 얼마나 하얗게 지새우셨을까. 슬하에 어린 자식을 둘이나 앞세우며 슬픔으로 눈물조차 말라 버렸을 한 여인이 이제 편안하고 깊은 잠에 드셨다. 100년을 채우지 못한 고독, 수렁 같은 나날, 한숨으로 지새웠던 밤을 오늘에야 포근하게 행복한 밤을 맞이하셨을까.

갓 시집와서 집안에 인사를 드리러 시골에 갔던 날, 무섭게 쳐다보시던 큰어머니의 첫인상은 두렵기만 했었다. 잠시 얘기를 나눈 뒤 큰어머니께 인사를 드리고 집 대문을 나설 때 곁에 오시더니 새사람이 우리 집안에 잘 왔다며 내 손을 잡고 어깨를 따뜻하게 감싸 주셨다. 길쌈으로 거칠어진 손이었지만 다소 푸근함으로 다가왔다. 혼자 외롭고 모질게 살아온 삶이라 미소 짓는 모습이 어색했지만, 바짝 긴장한 새사람을 달래 주려 애쓰셨다. 이곳 시골에선 결혼해 새로 들어온 며느리를 '새사람'이라 호칭한다. 시집와서 반백이 다 된 내 나이에도 아직 새사람이라 불리니 조금 민망할 때도 있었다. 새사람이 되어 살아온 큰어머니가 혼자 버텨 내야 하는 당신의 삶에 즐거움이 있을 리 만무하고 스스로 강해질 수밖에 없었음을 시간이 지난 뒤에 조금씩 이해하게 되었다. 뵐 때마다 길쌈으로 굽어진 등과 거친 손으로 나의 손을 따뜻하게 잡아 주셨지만 내겐 어색하기만 한 곁이었다. 그때마다 데면데면한 만남이 불편해 얼른 자리를 뜨고 싶었던 게 솔직한 심정이었다.

첫째가 태어나자 꼬불꼬불 두 시간여 머나먼 길을 완행버스를 타고 돌잔치를 보러 오셨다. 곱게 포장해 온 한복을 꺼내 놓으시며 예쁘게 입히라고 했다. 처음으로 받아 본 우리 딸의 한복, 돌 반지를 받는 것 이상으로 참으로 감동적이었고 인상 깊었다. 그때부터 큰어머니는 우리 딸에게 '한복 할머니'란 호칭으로 불렸다. 옷이 어찌나 컸던지 유치원 때부터 초등학교 1학년까지 입혔던 기억이 있다.

조부님의 형님에게는 두 아드님이 계셨고 두 분 다 6·25 때 행방불명되어 생존이 모호한 상태였다. 몇십 년의 세월이 흐른 뒤 큰아들의 맏이였던 큰집 형님은 사망신고를 내셨지만 둘째 아드님의 부인이었던 큰어머니는 지아비에 대한 미련을 버리지 못하시고 사망 신고를 내지 않으셨다. 큰어머니는 어린 두 명의 자식을 연달아 떠나보내고 혼자서 긴 세월을 견뎌 내다가 마침내 양녀를 들이셨다. 형편이 어려운 집을 도와주는 셈 치고 데려와 키웠다. 어린 딸이 들어와 큰어머니는 한동안 행복해하셨고, 집안에도 웃음꽃이 피었다. 외로웠던 시절을 이젠 딸과 함께 견뎌 낼 수 있으니 얼마나 든든하셨을까 그렇게 키운 딸을 시집보내고 간간이 잘 산다는 소식을 들었는데 어느 날 큰어머니와 연을 끊었다고 했다. 수양딸이 친엄마를 다시 만나기 시작하면서 갈등이 빚어졌던 모양이었다. 큰댁의 큰아주버님은 수양딸도 찾지 않

고요의 옴니버스

는 숙모님의 빈소에 상주가 되어 도와주고 계셨다. 사망 신고 안 된 숙부님과 연락조차 끊긴 양녀로 인해 상주로 지정받기 어려워 군청을 다녀오신 얘기며 이런저런 얘기를 토해 내시는 걸 보니 마음고생을 많이 하셨던 모양이다. 두 달 전에 뵈었을 때보다 많이 야위신 것 같아 맘이 안쓰럽다. 텅 빈 장례식장을 돌아보며 안타까운 마음에 발길이 돌려지지 않았다. 저녁에는 조문객들이 많이 찾아와 큰어머니의 외로움을 달래 주기를 마음속으로 빌 뿐이다. 다행스럽게도 큰집 아주버님의 아들이 빈소를 지키고 장례 절차를 집행하고 있으니 그나마 든든하다.

어머님 생신으로 오랜만에 만난 형제들과 얘기를 나누다 늦게 잠든 남편이 이른 새벽에 일어나 조용히 장례식에 갈 채비를 한다. 현관문 닫히는 소리를 듣고 살짝 잠이 든 나는 바다에서 해가 솟아오르자 부리나케 일어나 생신상 차릴 준비를 한다. 준비해 간 미역국을 다시 끓이고 찰밥을 하고 불고기를 볶고 고모가 준비해 온 각종 김치와 밑반찬으로 동서들과 상을 차렸다.

조촐한 상이지만 다 같이 둘러앉아 함께 식사할 가족이 있다는 건 큰 행복이고 어머니에게 생신상을 차려 드릴 수 있다는 게 너무나 다행한 일임을 새삼스레 깨닫게 된다. 같은 날 겪게 되는 큰어머니의 장례식과 어머니의 생신일, 기쁨과 슬픔이 겹치는 날에 두 분의 인생을 다시금 되돌아본다.

훌륭하게, 강하게 살아오셨던 두 여인, 이제 한 분은 떠나셨고 또 한 분은 우리와 함께 살며 우리가 의지하며 우리들의 마음에 희망을 안겨 주실 분이다. 살아 계시는 것만으로도 자식들에겐 버팀목이 된다. 건봉사 나무 그늘 아래에 앉아 차를 마시며 마지막 여정을 정리하고 각자 왔던 곳으로 떠나간다. 바다도 잠시 휴식을 취하는지 조용하고 하늘은 눈이 아플 정도로 푸르기만 하다. 어제 장례식장에서 돌아올 때 앞이 보이지 않을 정도로 몰아치던 빗줄기는 한으로 얼룩진 큰어머니의 마지막 눈물이었을까? 어머니의 생신은 잘 끝났지만, 마음 한켠에 휭하니 바람이 지나가는 것 같은 허전함은 시간이 해결해 줄 몫인 것 같다.

장롱 안에 고이 모셔 둔 밥상보를 꺼내 본다. 두 해 전에 큰어머니가 나를 위해 만들어 주신 삼베 밥상보인데 너무 아까워 고이 모셔 두고 있었다. 곱게 포장해 보내 주신 밥상보에서는 큰어머니의 빼어난 손결이 느껴진다. 부디 저세상에선 예쁜 자식들 키우며 남편의 사랑을 듬뿍 받으며, 어느 평범한 여인처럼, 현모양처가 되어 행복하게 사시길 축원드린다.

오
늘

무릉에 들다

✦

　한풀 꺾인 더위에 안도하며 서둘러 외출 준비를 한다. 며칠 전부터 나의 목적지는 정해져 있었다. 여름의 끝을 아쉬워하는 태양의 절규가 무색할 정도로 차창으로 들어오는 바람이 제법 시원하게 와 닿는다. 모기 입이 비뚤어진다는 처서도 지났으니 이제 더위 정도는 견뎌 낼 만하다.

　효가사거리에서 무릉계곡 가는 방향으로 접어들었다. 가끔 들르는 동해시립 북삼도서관을 지나 달리다 보니 자전거 하이킹을 하는 사람이 몇몇 보였다. 저 사람들의 목적지는 어디일까? 지친 듯하지만 열심히 페달을 밟는 사람들, 느리지만 꾸준히 힘 조절을 하며 조금씩 나아가는 삶의 모습들이다. 그들에게 '힘내요!'라는 말이 목까지 차올랐지만 끝내 말하지 못했다. 그럴 용기도 없거니와 어설픈 격려로 그들의 집중력을 흩트릴까 저어해서다.

공기가 청량해지는 것을 보니 무릉계곡이 가까워짐을 알 수 있다. 쌍용시멘트 입구에서 무릉계곡 주차장까지 달려가는 길은 나의 최애 드라이브 코스다. 우측으로 푸른 호수가 매력적인 무릉별유천지 입구가 보인다. 시원한 바람과 우거진 녹음, 간간이 들리는 계곡 물소리, 내 몸과 마음의 빗장을 열고 자연에 순응한다. "어서 와." 하고 무릉계곡이 언제나 반겨 주는 듯하다. 다행히 조금 이른 시간이라 주차장이 다소 여유가 있다. 세차게 흘러가는 계곡 물소리를 들으니 며칠 전 태풍의 영향으로 비가 제법 왔음을 알 수 있었다. 바위와 물의 조화가 장관을 이루며 답답했던 가슴이 확 트인다. 반석이 무려 1500평이라고 하니 어마어마하지 않은가. 그 위로 용이 지나갔다는 용오름 길이 끝도 없이 계곡 깊숙이 이어져 있다. 인기드라마 촬영지로도 자주 등장하는 곳이며, 최근에는 〈연인〉이라는 드라마를 촬영했다.

고요의 옴니버스

동해로 시집와서 가장 행복했던 순간은 망상해수욕장과 무릉계곡에 처음 발을 내디딘 순간이었다. 망상의 명사십리 백사장과 푸른 바다, 무릉계곡의 울창한 숲과 웅장한 폭포, 그 아래 하얗게 펼쳐진 무릉반석을 보았을 때의 느낌은 '여기가 정말 무릉도원이구나.' 하고 마냥 행복했다. 주말이나 여름 방학이면 아이들을 데리고 바다로 계곡으로 소풍을 다녔다. 그땐 더운 하루를 시원하게 보낼 안전한 아이들의 휴식 공간이 필요했고, 무릉계곡은 맑고 물놀이하기에 더할 나위 없었다. 김밥, 치킨 등 먹거리를 준비해 무릉반석 한쪽에 돗자리를 깔고 먹고 물놀이 하며 시간을 보내다 보면 하루해가 짧게만 느껴졌다. 해가 두타산 너머로 기울고 노을빛마저 사라질 즈음 아이들의 입술이 파리해지면 집으로 돌아오곤 했다. 행복했던 추억을 곱씹으며 신선교에서 무릉반석을 타고 흐르는 물줄기, 두타산 봉우리가 어우러진 멋진 풍경을 감상하며 나를 품어 준 자연에 감사할 따름이다. 신선교를 지나면 가장 많은 사람들이 다녀간다는 한국의 장가계 베틀바위로 오르는 계단이 있다.

무릉이라는 이름은 조선 선조 때 삼척부사로 부임한 김효원이 중국 도연명의 「도화원기」의 '무릉도원'에서 따온 것이라고 했던가. 올 때마다 마음이 평안해지고 시름조차 사라지니 이곳이 바로 무릉도원이 아닌가 싶었다. 고려 시대 동안거사 이승휴가 머물며 『제왕운기』를 집필한 곳으로도 전해져오며, 바위 곳곳에 한자로 새겨진 851명 선비의 이름이 구구한 세월 동안 얼마나 많은 사람이 무릉계곡을 아끼고 찾았는지를 말해 준다.

무릉선원武陵仙源 / 중대천석中臺泉石 / 두타동천頭陀洞天

신선이 노니는 이곳에 돌과 물이 어우러져 잉태한 대자연
앞에 나도 세속의 번뇌를 내려놓고 신선이 될까 하노라.

조선의 명필가 봉래 양사언이 쓴 석각이 있고, 김시습을 비롯한 시인 묵객들의 시가 새겨져 있는 유서 깊은 곳이다.

옛 선비들처럼 나 또한 이곳에서 모든 걸 내려놓고 풍류를 즐기고 싶다는 꿈을 꿔 본다. 구한말 유림의 뜻을

고요의 옴니버스

기리기 위해 건립한 금란정을 지나 무릉반석을 끼고 걸어오다 다리를 건너면 삼화사가 자리하고 있다.

삼화사는 초파일 연등 풍경도 좋지만, 국가무형문화재로 지정된 '국행수륙대재'로도 잘 알려져 있다. 죽은 원혼을 달래고 사회를 안정시키기 위해 매년 대재를 지내는데 먼발치에서 그 장엄한 행사를 목도한 적이 있었다. 눈에 덮인 하얀 삼화사 전경도 운치가 있다. 오래전 눈이 내린 어느 저녁 무렵, 천지를 뒤흔드는 스님의 법고 소리에 정신을 빼앗기고 끝날 때까지 발걸음을 돌리지 못한 적이 있었는데 그 소리는 내 안의 나를 깨우고 꾸짖기에 부족함이 없는 부처님의 가르침이었다. 오래도록 내 마음속에 여운을 남겼다. 대웅전에서 주위를 돌아보면 정적에 싸인 산사의 곡선과 병풍처럼 둘러쳐져 있는 산세가 푸근하고 안정된 느낌을 준다. 모든 것을 굽어보는 부처님의 자애로운 모습에 나도 모르게 고개 숙인다.

무릉계곡은 갈 때마다 색다른 감동을 준다. 비가 온 뒤의 용추폭포와 쌍폭포의 장관은 다시없는 웅장함과 자연의 아름다움을 보여 준다. 운 좋은 날엔 찬란한 무지개의 영롱한 빛을 선사해 줄 때도 있다.

단풍이 절정일 때는 버스마다 무수히 쏟아지는 관광객에게 절경을 잠시 양보하고 늦은 가을의 정취를 음미하러 가곤 한다. 계절마다 감탄을 자아내게 하는 동해시의 자랑거리이며 동해에 오는 손님들에게 제일 먼저 안내하는 곳이기도 하다. 나이를 먹을수록 더욱 좋아지고 소중하게 여겨지는 이곳이 그리워 오늘도 한달음에 달려와 홀연히 앉아 있다. 최인희 시인의 '낙조落照'가 저절로 입에 맴돈다.

소복이 산마루에는 햇빛만 솟아오른 듯이 / 솔들의 푸른빛이 잠자고 있다 / 골을 따라 산길로 더듬어 오르면 / 나와 더불어 벗할 친구도 없고 / 묵중히 서서 세월 지키는 느티나무랑 / 운무도 서렸다 녹아진 바위의 아래위로 / 은은히 흔들며 / 새어 오는 범종 소리 / 백석白石이 씻겨 가는 시냇랑 뒤로 흘려보내고 / 고개 넘어 낡은 단청 / 산문山門은 트였는데 / 천년 묵은 기왓장도 / 푸르른 채 어둡나니

— 최인희, 「낙조」 전문

고요의 옴니버스

홀로 무릉계곡에 드니 시인의 외로운 마음이 그대로 전해지는 듯하다. 삼화사를 지나 오르막길을 오르다 보면 직진하면 용추폭포, 우측 산으로 오르면 관음암이다. 오늘은 용추폭포가 아닌 관음암으로 향했다. 다소 길은 가파르지만, 체력을 단련하며 수행에 이르는 길이다. 걸음 수와 계단을 세며 천천히 오른다. 자전거 하이킹하는 이들처럼 더디지만, 꾸준히 오른다.

중간 휴게 바위에서 잠시 쉬다 보니 나보다 더 지쳐 보이는 여인이 힘겹게 올라온다.

"쉬었다 가세요. 힘드실 텐데."

마치 먼저 도착한 토끼처럼 여유 있게 말을 건넨다.

"팔을 다쳐 반년 만에 관음암을 찾으려니 무척 힘드네요."

그렇게 말하면서도 그녀는 쉬지 않고 천천히 계속 올라간다. 「토끼와 거북이」 이야기에서 거북이처럼 꾸준하게 한 발 한 발 무겁게 내디딘다. 결국 느림보 거북은 토끼보다 먼저 관음암에 도착했고, 강인한 정신력이 육체를 지배한다는 것을 다시 한번 깨닫게 해 준 순간이었다. 힘들어도 포기하지 않고 아주 천천히 꾸준하게 오른 그녀는 승리의 여신이었다. 운동을 못하는 내게 등산이란 힘겨운 나와의 싸움이었고, 오기였다. 모든 일엔 진심이 깃들지 않으면 안 되는가 보다.

공양하고 가시라는 스님의 말씀에 용기를 내어 들어갔다. 보살님들과 맛있게 먹으며 부처님 공경에 진심을 다하는 보살님들의 마음에 잠시 자괴감이 들었다. 감사의 인사를 하고 내려오는 길, 끝이 보이지 않는 곳에서 시작한 물줄기가 바닥이 보이지 않는 아득한 곳으로 폭포를 이루며 떨어졌다. 속까지 시원해지는 물의 흐름을 영상에 담아 모든 근심이 폭포처럼 흘러가길 기원하며 지인들에게 보냈다. 벌써 산봉우리가 흐려지고 어두워지는 듯하다. 산속 어둠은 재빠르게 찾아오는 법이다.

산 아래로 내려올수록 사람은 많고 날씨는 점차 더워진다. 여름의 뒤끝이라지만 여름은 쉬 물러날 생각이 없어 보인다. 많은 사람이 더위를 식히기 위해 계곡으로 몰렸다. 혼자 떠나온 오늘만큼은 홀가분하게 자유를 누리고자 바위에 걸터앉아 계곡물에 발을 담근다. 차가운 기운이 올라와 가슴과 머리까지 전해졌다. 몇 년 전 아

　　　　　　　　　　　　　　고요의 옴니버스

픈 엄마를 모시고 와서 가족들이 모두 발을 담그고 앉아 애기도 하고, 노래도 부르며 놀았던 그 자리를 물끄러미 바라보았다. 귀여운 아이들이 즐겁게 물장구를 치고 있었다. 그 시절은 벌써 엄마의 기억 속에서 사라지고 돌아오기 힘든 시간은 몇 장의 사진으로 남아 있을 뿐이다.

지나가는 관광객들이 "여기 너무 시원하고 좋네, 멋진 곳이다!"라며 탄성을 지르는데 내심 동해시민으로서 뿌듯하다. 그래! 너무나 좋은 곳을, 이렇게 뛰어난 명승지를 잘 보호해서 후세들에게 물려주고 이 풍광을 고스란히 누릴 수 있게 해 줘야 하는 게 우리의 역할이 아니겠는가.

'별유천지비인간別有天地非人間.'

당나라 시인 이백李白의 시구를 음미하며 무릉도원에서 보낸 오늘, 신선 못지않게 평안하고 행복한 하루를 보냈고, 무릉계곡과 문화를 보존하는 데 늘 수고를 마다하지 않는 분들께 감사할 따름이다. 잊지 않고 또 찾으련다. 무릉계곡, 동해시의 낙원.

내가 살아야 하는 이유

    내 공간은 9평 남짓, 며칠 수행하며 살아가기엔 부족함이 없는 공간이다. 현재의 내가 살아가고 누릴 수 있는 최대의 공간이다. 법정 스님이 불일암에 계실 때 한 평도 채 되지 않은 공간에서 손님과 차를 마셨다고 하지 않던가. 그곳에 비하면 남부럽지 않은 공간이며, 며칠 나를 돌아보기 위해 주어진 시간이다.

    나는 두 명의 남자와 동거 중이다. 같이 살고 있으나 같이 산다고도, 가족이라고도 말할 수 없는 이중적인 삶을 영유하고 있다. 그들이 돌아오기 전에 나의 흔적들을 깨끗하게 지워야 한다. 내가 머물렀던 자리를 소독액으로 닦으며 혹여 얼굴이라도 마주칠까 몰래 살아가는 나는 누구인가? 한 식구임에도 식구일 수가 없는 이분화된 사회. 코로나19는 이 사회를 살아가는 구성원들 사이를, 우리 가족들 간의 관계를 신뢰하지 못하게 했고 결국 나 또한 고립시켜 버렸다. 닫힌 방에서 나를 달래며 고행의 시간을 보내다 맞이하는 아침, 오늘은 통증이 가벼운 하루가 되기를 소망해 본다.

문밖의 동정에 청각을 곤두세우고 뉴스를 보며 세상과 눈을 맞춘다. 잠시 후 '삐리릭' 현관문이 열렸다가 닫히는 소리가 나면 도둑고양이처럼 살금살금 나의 공간에서 빠져나온다. 집 안을 탐색하며 빨랫감을 모으고 세탁기를 돌린다. 식탁에 앉아 남편이 끓여 놓은 죽을 먹고 비타민 섭취를 위해 과일도 챙겨 먹으며 밤새 갑갑했던 시간을 달랜다. 몸의 상태가 어제와 달리 한결 나아진 것 같아 햇볕을 쬐기에 넉넉한 날이다. 소파에 앉아 '내셔널지오그래픽'의 미어캣들의 세계를 엿본다. 나와 같이 무리에 어울리지 못하고 고립되어 살아가는 외톨이 미어캣이 있었다. 그녀의 이름은 '케일라'다. 칼라하리 사막에서 살고 있다.

케일라는 열성적으로 동생들을 돌보았다. 그 시간은 순전히 배고픔과 고독과 싸워야 하는 인내의 시간이다. 그녀에게 맡겨진 임무를 숙명처럼 수행하기 위해 허기 따윈 참아 내야만 한다. 잠시라도 방심하면 코브라, 전갈, 독수리, 오소리, 다른 무리의 미어캣, 사방이 적뿐인 이곳에서 동생들을 보호할 수가 없다.

엄마 마리는 3년 동안 여왕의 자리를 지키며 20여 마리의 무리를 이끌고 있고, 케일라는 엄마를 대신해 동생들의 보육 담당 업무를 해내는 중이다. 미어캣은 단결력이 좋고 어려울 때 서로 협동해 위기를 잘 극복해 나가는 가족적인 집단이다. 암컷이 남성 호르몬이 왕성해 무리의 리더가 되는 경우가 많고 그 경우 임신은 여왕의 특권이다.

케일라가 얼마 전 다른 무리에 있는 수컷의 끈질긴 구애에 못 이겨 임신했다. 케일라는 엄마 마리에게 아양을 떨고 복종을 맹세하지만, 엄마는 가차 없이 매몰차게 무리에서 케일라를 쫓아낸다. 아무리 딸이라 해도 왕권에 도전하는 행위는 용서가 안 되며 훗날 케일라가 자기 새끼를 보호하기 위해 마리의 새끼를 위협할 수도 있다는

고요의 옴니버스

생각에 혹독하게 쫓아내는 것이다. 몇 번이고 무리에 어울리고 싶어 다가가지만, 번번이 쫓겨나는 케일라는 무리의 주변을 서성이며 맴도는 주변인이다. 어느 쪽에도 속할 수 없는 케일라를 보며 동병상련의 비애를 느낀다. 운이 좋으면 보호해 줄 수컷을 만나 새로운 집단을 형성할 수도 있지만, 무리의 보호 없이는 쉽지 않은 일이다. 홀로 견뎌 내는 시간은 케일라의 혹독한 시련이며 위기다. 가족과 어울리지 못하는 지금의 나와 케일라에겐 홀로 견뎌야 하는 인내가 필요하며 시간의 벽을 건너뛰어야 비로소 고독의 시간에서 벗어날 수 있는 것이다.

달달한 커피가 굳어 버린 내 혀를 녹이고 식도를 타고 흐르며 몸 구석구석 달콤함을 전하고 있다. 며칠간 병마에 시달린 내 육체는 오랜만에 맛본 믹스커피의 향기와 달콤함으로 위로받는다. 미각과 후각을 상실한 채 살아가고 있던 나에게 커피 한 잔이 주는 황홀함은 그동안의 내 고통을 녹이기에 충분했다.

무너진 막장 안에서 광부들의 힘겨운 삶을 이어 주는 원동력이 되었다는 믹스커피. 지하 190미터의 갱도에서 삶과 죽음의 경계를 힘겹게 오간 221시간. 9일간의 생존을 오로지 암벽을 타고 흐르는 물과 믹스커피로 버텨 낸 끈질긴 생명 의지. 절망의 순간이 올 때마다 가족을 생각하며 버텨 냈다는 그들의 삶의 가치관에 감탄하며 지금 그들과 비슷한 고통을 이겨 낸 보상으로 믹스커피 한 잔을 다디달게 마신다. 그리고 그들의 처절했고 엄숙한 시간을 잠시 빌려 온다. 코로나19의 고통은 삶의 의욕뿐 아니라 식욕도, 희로애락도, 하다못해 커피의 유혹마저도 걷어 가 버렸다. 커피 명장이 로스팅한 커피의 향기와 맛도 무용지물이었다. 커피 한 모금은 혀의 5대 미각 중 유일하게 남은 쓴맛으로 내 혀에 씁쓸함만 가미할 뿐이었다. 독한 약 탓인지 위장장애까지 겹쳐 밤새 데굴데굴 구르며 보낸 날은 이대로 삶이 마감하기를 바란 적도 있었다. 작가로서의 꿈을 접는 것이 조금 아쉬웠지만, 고통으로 점철된 현생에서 창작이라는 것을 '언감생심' 꿈도 꾸지 못할 바엔 차라리 생명의 끈을 놓는 대도 미련이 없을 듯했다.

나는 부자가 되는 것을 꿈꾼 적도, 우리 아이들이 유명해지는 것에도 그다지 관심이 없었다. 예전에는 우리 아이들이 더 똑똑해지기를, 타고난 우월감으로 가치를 발휘하고 두각을 나타내어 친구들보다도 훨씬 능력 있는 아이가 되기를 갈망한 적도 있었다. 한 20년쯤 키우다 보니 유명 뒤에는 시련이 오고 건강보다 앞선 유명세는 허망하며 정상에는 반드시 내리막길이 있다는 걸 알기에 내가 감당할 수 있을 만큼의 그릇으로 바꾸었다. 건강하게 자기 일에 만족하며 매사에 최선을 다하기를 바랐고, 사랑하는 상대를 만나 즐거움을 나누며 사는 게 행복의 완결임을 조금 알게 되었다고나 할까. 어쩌면 자식들을 위해 한껏 밀어줄 수 없는 부모로서 능력의 한계를 깨달아서 인지도 모르나 인간의 삶은 배고프지 않고 금전적 고통에 시달리지 않고 자신의 욕심을 위해 남의 눈에 피눈물 나지 않게 사는 것이 정답이라고 스스로 위로하고 살아왔다.

지금의 나는 푸른 하늘을 올려다보며 맑은 공기를 마시며 마음껏 걷고 싶었고, 웃으며 걸어가는 아이들이 예뻐 보이고, 평범한 일상을 구김살 없이 살아 내는 사람들이 그저 부러워 저들 사이에 끼어들고 싶어질 뿐이었다. 앞으로의 내 삶이 순탄치 않고 고통의 시간을 견뎌 내기에 역부족이라면 내 운명을 어이 감내할까,

힘든 나날들이 지속될 때 과연 인간은 언제까지 희망을 갈구할 수 있을까. 암으로 투병 중이었던 아버지는 강인하리만치 삶을 잘 견뎌 내서서 암쯤이야 아버지를 비껴갈 듯했다. 2년 가까이 버텨 내던 아버지는 결국 "이제 내가 그만 떠나고 싶다."라며 삶의 끈을 놓으셨고 그로부터 일주일, 아버지는 다시 못 올 곳으로 떠나가셨다. 불굴의 정신력으로 버텨 내던 분을 결국 스스로 포기하게 만든 육체적 고통, 더 이상 아버지에겐 고통을 대신할 어떤 희망도 남아 있지 않았던 것이었을까. 내가 포기할 때 나의 수호천사도 내 손을 놓을 것이란 생각이 들었다. 감히 내 생의 불꽃이 꺼져도 상관없을 거로 생각했던 그 찰나가 돌이킬 수 없는 윤회의 고리를 만들어 분명 후회하게 되는 삶이 반복될 불길한 예감이 들었다.

　　한낱 50센티미터밖에 안 되는 미어캣도 살아가야 할 이유가 분명하지 않은가. 여왕 마리는 무리를 이끌고 잘 지켜 내기 위해 모질게 딸을 버려야 하는 아픔을 겪어야 했었고, 케일라는 자신의 고통보다 태어날 새끼를 위해 짝을 찾고 가정을 만들어야 하는 책임감으로 살아 내야 하는 것이다. 숨 막히는 지하 갱도에서도 그분들이 삶을 끈을 놓지 않았던 이유, 그리고 내가 살아가야 할 이유는 비단 다를 게 없다. 가족이다. 그래서 이 세상의 엄마들은, 아버지들은 살아가는 것이다.

　이 지구는 작은 가족들이 모여 일궈 내는 사랑의 텃밭이다. 가족은 나를 존재하게 하는 힘이며, 삶이 고갈될 때 부어 주는 생명수이며, 허물조차 품어 줄 수 있는 관용이다. 비록 코로나19가 잠시 나를 고립의 시간에 머물게 하더라도 이 또한 다져진 사랑의 결집으로 거듭나게 하는 과정임을 모르는바 아니나 고통으로 얼룩진 마음에 잠시 흔들렸다.

　딸이 먹고 힘내라고 멀리서 소고기를 보내왔다. 살아야 할 이유 중의 으뜸인 내 아이들이다. 내가 견뎌 내야 하는 이유는 너무나도 합당하다.

설거지 변주

선잠에서 깬 뒤 한참을 뒤척여도 다시 잠에 들지 못했다. 시계를 보니 2시를 가리킨다. 한밤중이라고 해야 할지 아주 이른 새벽이라 해야 할지 어중간한 시간. 평일 같으면 벌써 엘리베이터가 움직이며 신문을 던지는 소리가 났을 만한 시간이다. 일찍 일어나는 새가 먹이를 차지하듯이 늘 부지런한 사람들이 새로운 하루의 문을 열며 남들보다 일찍 하루를 시작한다. 억지로 잠을 청하려다 벌떡 일어나 주방으로 간다.

어젯밤 게으름 피우며 밀쳐놓은 설거짓거리가 불현듯 생각난 것이다. 뜨거운 물에 그릇을 푹 담그면 덕지덕지

붙은 기름기가 녹아내리듯 내 속에 채워진 답답함도 불면증도 물속에서 용해가 될까. 고무장갑을 끼고 그릇들을 휘휘 저어 뜨거운 물에 헹구어 낸다.

어지럽게 뒤섞여 있는 밥그릇과 고기 접시 등을 남편이 봤다면 설거지는 분리가 중요하다고 매번 강조하는 그에게 분명 지청구를 들었을 법하다. 다행히 백두대간 산행을 떠나는 버스가 남편을 싣고 지금쯤 지리산 언저리쯤 가고 있으리라. 부재를 다행이라 여기며 수세미에 세제를 묻혀 그릇을 닦는다. 한참 그릇을 문지르다 보면 내가 그릇을 씻고 있는 건지 그릇이 나를 씻기고 있는 건지 오리무중이다. 그릇 하나에 번잡한 생각 하나씩 씻어 내며 갑갑함에서 점차 벗어나고 있는 것이다.

무념무상無念無想이라 했던가. 스님들이 공양을 마치면 발우를 물로 깨끗이 씻어 마신다고 한다. 발우를 깨끗이 한다는 것은 밥 한 톨이라도 귀히 여기는 것이고 본인이 남긴 잡다한 티끌 하나 세상에 남기지 않고 무無로 돌아가는 의미일 것이라 스스로 짐작해 본다. 언젠가 스님께 여쭤봐야겠다고 다짐한다. 잡다한 생각들을 덜어 내다 보면 어느 순간 내 손은 오롯이 그릇 닦는 일에만 집중되어 있다. 그러고 보면 설거지는 단순히 그릇을 씻는 육체노동이 아니라 번잡한 생각을 버리고 마음을 바로잡게 되는, 심지어 나를 일깨우는 묵언의 수행시간이 되어 가고 있었다. 그릇이 깨끗해질수록 머리까지 맑아지는 것이었다.

어쩌면 여태껏 식기세척기를 장만치 않은 이유가 설거지하는 행위에서 수행의 묘미를 느꼈기 때문이었나 싶기도 하다. 결혼 초엔 아이들 돌보는 일에 지쳐 식기세척기를 사 볼까 고민한 적도 있었다. 막상 들이려니 좁은 부엌에 놓을 자리도 마땅치 않고 네 식구 설거지 양이 뭐 얼마나 많을까 싶었다. 게다가 식기세척기의 물이 수질 오염을 초래할 수도 있다는 뉴스를 접하고는 식기세척기에 대한 미련을 접었다. 지구 환경을 보호하는 일에 나름 일조하고자 하는 마음이었는데 어쩌면 식기세척기를 포기해야만 하는 주부의 어설픈 변명인지도 모른다.

설거지를 하다 보면 점차 손놀림도 빨라져 시간이 점점 단축된다. 아이들이 돕거나 남편이 설거지할 때면 보는 내내 조급증을 내기도 한다. 시집와서 어르신들께 '선걸음'이라는 걸 배웠다. 무슨 일이든 쉬지 말고 내처 끝내야 한다는 말이다. 식사를 끝내자마자 반찬들을 정리하며 선걸음에 설거지를 마쳐 버린다. 미뤄 두고 있으면 점점 하기 싫어지는 내 게으름의 습성을 잘 알기 때문이다. 얼른 설거지를 끝낸 엄마에게 아이들이 감탄한다.

"엄마 진짜 빠르네! 벌써 다 끝냈어?"

베테랑의 실력을 인정받은 것 같아 내심 뿌듯했다.

마음이 답답할 때는 그릇을 씻다 보면 마음도 맑아지는 듯하고 복잡한 일이 있을 때는 천천히 설거지하며 머릿속을 정리하면서 해야 할 일들을 생각해 보기도 한다. 그뿐인가. 시 낭송 행사를 앞두었을 때는 그릇을 씻으며 시를 외워 보고 때로는 소리 내어 연습하기도 하는 학습의 시간이다. 어쩌다 남편과 속상한 일이 있을 때도 설거지하는 동안에 잠시 잊어버리기도 하니 설거지를 하는 시간은 여인들에게 참 유익한 쉼이 될 수도 있겠다고 생각하며 설거지의 역할이 이렇게 다양할 수 있었나 싶었다.

식기세척기 만들어 내는 회사나 설거지하는 것을 무

척 싫어하는 사람들에게 욕을 바가지로 들을 수도 있겠지만 어느 소박한 주부의 소견이겠거니 생각해 주길 바란다. 결혼하기 전에는 세상에서 설거지가 제일 힘든 일인 줄 알았다. 집안일이라곤 손도 대지 않았으니 설거지는 오죽하기가 싫었을까, 엄마에겐 다시없는 불효녀였으니 지금 생각해 보면 참으로 죄송하다.

결혼하고 나서도 친정에 오면 무조건 쉬고 싶었다. 엄마도 머나먼 강원도에 살고 있는 딸이 맏며느리 역할을 하는 것이 못내 안쓰러운지 "일하지 말고 쉬어라." 하셨다.

이젠 살림은 고사하고 당신의 기억조차 정돈 못 하는 병에 걸려 막내 집에 살고 게시니 예전처럼 집안일을 도와드릴 수 없게 되어 마음이 아프다. 어릴 적 재래식 부엌은 겨울에 너무 추워 저녁 설거지하러 가는 일이 여간 힘든 게 아니었다. 엄마가 편찮으신 날에 어쩌다 언니들마저 없는 날이면 하는 수 없이 부엌으로 떠밀려 들어갔다. 문틈으로 북풍이 들어오면 목덜미 뒤로 한기가 지나고 소름이 돋는다. 연탄불 솥 안에 고여 있는 따뜻한 물을 퍼내 바가지에 담고 차가운 타일 부뚜막에 앉아 손을 담근다. 음악 시간에 배운 노래 한 소절을 노동요 삼아 부르며 겨우 설거지를 마치곤 했는데 끝내자마자 쏜살같이 이불 속으로 들어가 몸을 파묻곤 했다. 새 집으로 이사한 뒤부터는 부엌이 거실과 연결되어 있어 다소 추위에선 벗어났지만, 여전히 설거지는 나에게 귀찮은 일거리였다. 고등학교 3학년이 되자 야간 자습 하고 늦게 귀가해 집에서 밥 먹을 기회도 그리 없었고 설거지 당번에서도 자연스레 해방되었다.

결혼하고 다시 연탄아궁이가 있는 재래식 부엌으로 들어간 나에게는 설거지하는 일이 고역이었다. 처음에는 일이 서툴러서 어머니한테 꾸지람을 듣기 일쑤였다. 집안일이라곤 설거지밖에 할 줄 모르는 손이 굼뜬 며느리가 탐탁할 리 없으셨으리라. 비가 오면 널어놓은 빨래나 열려 있는 장독 뚜껑도 얼른 닫아 비 피해를 보지 않도록 하는 '비설거지'라는 단어도 처음 알게 되었다. 두어 달 지나고 나니 설거지도 익숙해져 갔고 비설거지도 놓치지 않았다. 그리고 설거지하는 시간이 나름 행복해지기 시작했다. 다른 일은 시켜도 잘 해낼 자신이 없었고 설거지하는 동안은 아무것도 하지 않아도 되니 얼마나 다행이랴. 그런저런 시간이 몇십 년을 지나고 집안일에 숙련이 된 지금의 나에겐 설거지는 일도 아닌 것이 되어 버렸다.

선걸음에 싱크대도 닦기 시작했다. 아닌 밤중의 홍두깨라더니 이 시간에 나는 무엇을 하고 있는 걸까. 머지 않아 태양이 다시 떠오를 텐데 무엇이 미진해 부엌에서 떠나지를 않는 것인가. 앞치마를 벗고 소파에 앉아 낮에 읽다가 덮어 놓은 시집을 펼쳐 보았다.

표현이 참으로 상큼한 문장 몇 개가 눈에 띈다. 그러다 글을 쓰는 일도 설거지하는 것처럼 뒷마무리가 깨끗해야 할 것이라는 생각이 들었다. 시의 한 행, 문장 한 편이 시작부터 끝맺음까지 주제에서 벗어나지 않아야 한다. 작가의 마음이 한결같아야 하고 비문이 있는지, 오남용된 단어는 없는지, 퇴고 하는 일이 설거지하는 일과 다름없음을 느꼈다.

어떤 시는 시작 부분이 좋은데 읽다 보면 흐지부지 시인의 심경이 흩어지는 아쉬움도 있고, 어떤 시는 처음에 평범한 것 같은 어휘가 읽을수록 깊이가 느껴지고 마지막 연에서 시인의 시작詩作 마음이 확고히 드러나는 시

고요의 옴니버스

가 있다. 어떤 시인은 시어를 화려하게 잔뜩 나열만 하고 잘 정돈되지 않아 결국 시의 주제가 파악되지 않은 채 끝맺음하는 경우도 있다. 그릇을 다 씻어 놓고도 제자리에 정리정돈하지 못한 경우다. 우리의 인생도 설거지하는 것과 마찬가지다. 혈기 왕성할 때 펼쳐 놓은 일들을 하나하나 잘 마무리해 가는 것이 중요하다. 일을 벌이기만 하고 끝을 맺지 못한 사람들을 주위에서 많이 봐 왔다. 죽기 전에 잘 정리해 놓고 떠나는 사람들은 자신뿐만 아니라 남은 사람들에게도 예의를 다하는 일이고 가족에 대한 마지막 배려다. 인생을 잘 살다 간 사람으로 기억되고 싶었다. 그다지 많이 남지 않은 생을 그러한 마음으로 살고 싶다. 흐트러지지 않게 하루하루를 설거지하는 마음으로 간결하게 마무리 지으며 살아가야겠다. 환하게 밝아오는 새날을 보며 글 또한 그렇게 쓰기를 다짐한다. 누군가가 궁상맞게 살지 말라고 나에게 일침을 가할 것도 같으나 내일도 그다음 날도 설거지하고 있을 것이다.

편견과 진실

아직 쌀쌀함이 느껴지는 3월의 초입, 엄마를 모시고 있는 동생에게서 다급한 전화가 왔다.

"언니! 엄마가 없다, 아무리 찾아도 근처에는 안 보이는데 우짜노, 경찰서에 신고해야겠다."

순간 심장이 멎는 것 같았다.

"일단 신고하고 차근차근 다시 찾아봐! 엄마가 빨리 걷지 못하니 멀리 못 가셨을 거야."

벌써 두 번째다. 약 8년 전 치매 판정을 받은 지 얼마 되지 않아 혼자 외출하신 엄마가 집으로 돌아오는 길을 잃어버린 적이 있었다. 시내에서 버스를 타고 외곽으로 나와 집으로 들어오는 버스를 갈아타야 했는데 아무 생각이 나지 않더라는 것이다. 버스 정류장 의자에 두어 시간을 멍하니 앉아 계시던 엄마를 동생 내외가 발견했다. 엄마와 연락이 닿지 않자 엄마의 목적지를 더듬어 천천히 차를 몰며 돌아보다가 어둑해진 버스 정류장에 앉아 계신 엄마를 발견했다. 아무 버스라도 타고 가셨으면 찾을 방도가 없을 터였다. 핸드폰 배터리도 나가고 딸 전화번호조차 생각나지 않는 엄마를 어디서 찾을 수 있었단 말인가. 엄마는 누군가가 늘 보살펴 주는 행운이 함께 했었다. 30년 전에 큰 교통사고로 사경을 헤매다 가망이 없다고 하는 의사의 소견을 반박하기라도 하듯 기적적으로 깨어나셨고, 두 번째 교통사고도 큰 수술을 잘 견뎌 내셨으니 예사롭지 않은 인물이었다.

오늘도 좋은 소식이 있지 않을까 맘 졸이길 40여 분, 엄마를 찾았다고 연락이 왔다. 경찰서에서 전화가 와 득달같이 달려가 보니 어느 식당에서 국밥 한 그릇을 앞에 두고 멍하니 앉아 계셨다고 한다. 식사하고 나가던 경찰관이 발견하고 무전을 했다는 것이다. 동생은 엄마가 무사한 게 너무 반갑고 그저 감사한 마음이었단다.

동생은 식사비를 계산하고 엄마를 집으로 모셔 왔다.

　이틀 뒤 경찰서에서 전화가 와 엄마를 찾은 내용을 경찰 내 유튜브에 게시해도 되냐고 물어 와서 감사한 일이니, 허락했다고 했다. 일은 그때부터 시작되었다. 다음 날 둘째 언니가 케이블 방송을 보고 있는데 모자이크 처리를 했지만 앉아 있는 노인이 엄마 같다고 문자가 왔다. 방송을 찾아 다시 보니 엄마와 동생이 분명했다. 방송 출연진들은 불쌍한 치매 노인을 경찰이 발견했다고 칭찬 일색이었다. 엄마는 갑자기 불쌍한 치매 노인으로 바뀐 것이었다. 치매이긴 하지만 동생네가 지극정성으로 보살피는 행복한 할머니였는데 시청자들에겐 길 잃은 초라한 노인네에 불과했다. 그 영상은 일파만파 퍼져 갔고, 케이블뿐 아니라 지상파 방송에까지 등장하기 시작했다. 어느 방송에서는 의로운 경찰관이 주인공이 되었고, 어떤 방송에서는 식당 주인이 착한 주인공이 되어 불쌍한 치매 노인을 돌보고 공짜로 음식을 대접했다는 것이었다. 드시지도 않은 식사비를 지불하고 나온 동생으로서는 어이가 없었다. 담당 경찰관에 항의를 해도 유튜브를 퍼 나르는 사람들이 있어 어쩔 수가 없다는 것이었다.

엄마로 인해 알게 된 사람들의 일반적 생각이란 치매 걸린 노인은 당연히 불쌍하다고 여긴다는 것, 그리고 집에서 구박당하며 대접도 받지 못할 거라는 편견들이다. 그것을 사실의 전부로 받아들이는 것이다. 편견은 또 다른 생각의 왜곡을 불러일으키기도 한다.

프랜시스 베이컨은 "편견을 세탁한다면 인간의 지성이 훨씬 향상될 것이다."라고 말했다. 대부분의 사람은 자신들의 생각이 온전하고 이치에 맞는다고, 생각을 달리하는 사람들을 편견에 사로잡혀 있다고 얘기한다. 하지만 이 또한 편견이다. 인간은 편견에 사로잡힌 포로들이다. 자신의 편견을 인정할 때만이 비로소 사람들과의 진정한 소통이 시작된다고 본다. 하지만 현실은 극과 극의 대립이 난무하고 자신과 다른 타인의 행동과 생각을 지적하며 '다름'을 '틀렸다'고 신랄하게 비판한다. 요즘처럼 '내로남불'이란 단어가 자주 등장하는 경우는 없었다. 서로 다른 생각들을 인정하기만 해도 우리는 나아갈 수 있는 것이다.

문득 우리가 알고 있는 진실은 무엇이며, 시청자나 독자들은 과연 어디까지 믿어야 하는 것인가 하는 생각이 들었다. 누군가의 선행이 오보되어 역효과를 부를 수도 있고 무심코 한 행동과 우연이 겹쳐 선한 사마리아인이 될 수도 있는 세상이다.

　내가 알고 있는 진실은 과연 팩트일까? 그것 또한 편견에 사로잡힌 내 생각은 아닐까? 요즘처럼 여권과 야권으로 양극화된 세상에서 살아가는 국민의 마음도 청색과 적색으로 나누어진다. 결국, 본인들과 생각이 같으면 아군, 생각이 다르면 적군이 된다. 그래서 어떤 모임에서도 꺼내지 말아야 할 화두가 정치 얘기다. 가벼운 대화로 시작했다가 서로 얼굴 붉히며 헤어지곤 하기 때문이다.

　자신들이 믿고 싶은 것만을 믿고 그것이 진실이라고 스스로 확신함으로써 다른 생각을 하는 사람들을 이해할 수가 없고, 이해해 볼 노력조차 하지 않는 게 요즘이다. 캐나다의 언론인 댄 가드너는 "사람들은 다른 사람의 생각에서는 유해한 심리적 편견을 잘 포착하면서도, 정작 자기가 내린 판단은 객관적이라고 인식한다."라며 "이것 역시 심리적 편견의 일종으로 이른바 '편견에 대한 편견'이다."라고 어느 신문 사설에서 읽은 적이 있다. 그래서 편견 극복의 가장 큰 장애는 내로남불이라고 쓰여 있었다.

나라는 인간도 예외는 아니다. 잘못된 결과는 늘 상대방 탓으로 돌리니 말이다. 여권이나 야권이나 다 대한민국을 사랑하는 사람들이고 같은 국민이다. 오늘도 뉴스를 보며 댓글들을 읽다 보니 피만 보이지 않을 뿐 처절한 혈전의 장이다. 무지막지하게 서로를 공격하고, 미움과 무시와 멸시로 도배된 비문의 단어와 내용이 상대편의 심기, 혹은 시청자들의 눈살을 찌푸리게 하고 있다. 먼저 타인의 의견을 존중한 후 자신의 의견을 제시하는 표현의 자유를 추구할 수 있는 것이다. 싸움을 부추기는 사람도 그것에 부화뇌동附和雷同해 서로 물고 뜯는 사람들도 걱정되는 건 마찬가지다. 댓글에서 느껴지는 살기가 안타까울 뿐이다. 국민의 마음을 보듬어 주고 통합하며 민주 발전으로 한 걸음 나아가게 하는 게 현 지도층에 있는 정치인들의 임무가 아닐까. 코로나19는 우리의 육체적 건강뿐 아니라 정신적 건강까지 앗아 가 버린 것인지, 점차 사람들이 이성보다 본능에 충실해지고 의식이 황폐해지는 것 같은 건 비단 나 혼자만의 생각인가.

　시청자들은 엄마의 영상을 보며 자식들의 걱정보다 천대받고 괄시받는 치매 노인의 불행으로 그들의 초점이 맞춰지는 것이다. 남의 말을 하기 좋아하는 사람들의 가십거리로 족히 오르내릴 만하다. 애초에 제작진들은 대중이 원하는 방향으로 대중의 관심을 끌어 시청률을 올리고 싶은 것이다. 동생이 엄마를 얼마나 잘 보살피고 있는지, 어쩌다가 길을 잃었는지에는 관심조차 없다. 길 잃은 불쌍한 치매 노인을 의로운 경찰이 찾아 주고 그것을 가엾게 여긴 식당 주인이 음식을 대접하는 훈훈한 스토리로 포장하고 싶을 뿐이었다. 경찰관은 무심코 식사하고 나가다 앉아 있는 엄마를 발견해 무전으로 연락만 취했을 뿐, 동생이 힘들게 식당을 찾아내었고 식당 주인은 단순히 국밥 한 그릇을 팔았을 뿐인 사실은 아무도 알고 싶어 하지 않는 진실이었다. 거짓과 위선이 난무하는 세상, 시청자들을 기만하는 틈 속에서 우리의 뇌리에 스며드는 편견들은 누가 바로잡아 줄 것인가.

　　　　　　　　　　　　고요의 옴니버스

사람들은 자신이 알고 싶어 하는 것만 진실이라 믿고 보고 싶은 것만 본다고 하지 않은가. '장님 코끼리 만지기'와 무엇이 다른가. 그런 생각의 오류들을 바로잡고 진실만을 보도해야 하는 방송사와 언론이 국민의 눈이 되어 주고 어둠을 밝혀 주는 빛이 되어야 하지 않겠는가. 언론이 중립성을 망각하고 정치인들과 합세해 국민을 자신들이 원하는 방향으로 이끌 때 속수무책인 국민은 도무지 종잡을 수가 없다. 누구에게나 부여되는 공평함과 공정한 세상, 편견을 깰 수 있는, 편견을 보듬을 수 있는, 국민 전체를 생각하는 카르텔이라면 나 또한 기꺼이 맡기리라. 잠시간 엄마의 실종을 겪으며 매스컴의 역할의 중요성과 편견에 대해 다시 한번 생각해 보았다.

얼마 전 미 국방부 청사 인근에 대형 폭발이 발생해 검은 연기가 치솟는 사진이 소셜 미디어를 통해 급속히 확산되어 미국 주식 시장이 출렁이고 금, 국채 시장까지 흔든 사건이 있었다. 그리고 백악관이 화재에 휩싸인 이미지가 유포되어 사람들을 911테러 사건의 충격과 공포에 휩싸이게 만든 사건이 있었는데 가짜 뉴스로 판명되었다. 이젠 가짜 AI 뉴스까지 판치는 세상이 되었다. 영화에서나 보았던 사건이 무서운 현실이 되는 것이다. 편견이 두려운 이유는 진실이 차지하는 공간이 점차 줄어들기 때문이고 그 진실조차 믿지 못하는 세상이 되어가는 것이 두렵기 때문이다. 대중을 그들이 원하는 방향으로 이끌고 갈 권리는 누구에게도 없으며, 오직 진실에 의해 스스로 판단하고 결정할 수 있을 때라야 살 만한 세상이라 하지 않겠는가.

고요의 옴니버스

두 연인의 이야기

〈연인〉. 지난해 M 방송국에서 방영한 드라마다.

유복한 선비 가문에서 고생을 모르고 자란 여자 주인공 길채, 1636년 난데없는 병자호란의 비극을 맞으며 그녀의 인생은 180도 바뀐다. 피난길에 올라 힘든 고난의 시기를 보내지만, 그녀의 내재한 강인함으로 버텨 낸다.

남자 주인공 이장현은 지체 높은 양반 가문에 태어났지만, 자식의 행복보다도 양반의 체통을 더욱 중히 여기는 아버지의 고집으로 누나를 여의고 평소 형처럼 따랐던 노비마저 죽음에 이르게 하는 아버지의 냉혹한 신분 차별에 심한 혐오감을 느낀다. 집을 나온 그는 가족과의 인연을 끊고 사업가로 성공한다. 처음 길채라는 여인을 만날 때부터 줄곧 그녀에게 관심과 호감을 느낀다. 병자호란의 난중에서도 계속 그녀와 그녀의 가족을 도와주고 지켜 내었고, 길채도 그에게 깊이 의지하지만, 선뜻 사랑으로 키워 가지 못한다. 그녀에겐 예전부터 흠모했던 남자, 이미 친구의 남편이 되어 버린 남연준이 있었기 때문이다. 서로의 마음을 제대로 표현하지 못한 채 장현과 길채의 사랑은 어긋나기만 한다. 각자에게 드리워진 역경을 이겨 내고 우여곡절을 겪으며 길채는 장현을 그리워하고 자신의 진정한 연인임을 깨닫게 되자 자신을 던질 만큼의 큰사랑을 완성하며 해피 엔딩으로 끝난다.

'길채 신드롬'이란 어휘가 생길 정도로 인기리에 막을 내린 잘 짜인 감동의 드라마였다고 평하고 싶다. 처음엔 남궁민이란 뛰어난 배우가 왜 멜로드라마를 선택했을까 궁금했었는데 〈연인〉은 단순히 멜로에 그친 드라마가 아니었다. 병자호란이라는 역사적 사실에 기인해 두 주인공의 사랑이 이루어지기까지 견뎌 내야 하는 기구한 운명을 서사적으로 엮어 내었다. 또한, 전쟁의 비참한 환경 속에서 핍박받는 민초의 삶을 실감 나게 그려 낸 작가의 촘촘한 스토리와 연출도, 아마 연기의 지존 남궁민이 선택한 이유 중 하나였을 것이다. 주연과 조연에 상관없이 자신들의 캐릭터를 완벽하게 소화해 낸 배우들의 열연으로 만들어 낸 훌륭한 드라마였다.

그런데 드라마 초입에서부터 할리우드의 영화 〈바람과 함께 사라지다Gone with the Wind〉의 캐릭터들과 자꾸 겹치는 것이었다. 주인공 유길채는 여자 주연 비비언 리의 스칼렛 오하라라는 캐릭터와 많이 닮아 있었고, 이장현은 남자 주인공 클라크 게이블이 맡은 레트 버틀러를, 선비 남연준은 애슐리를, 친구인 경은애는 멜라니를 연상시켰다. 그 외에도 병자호란과 미국의 남북 전쟁이라는 공통적 배경과 그 역경을 헤쳐나가는 주인공들의 삶이 묘하게 비교되었다.

『바람과 함께 사라지다』는 마거릿 미첼의 소설을 영화화했는데 장장 222분의 장대하고 스펙터클한 영화다. 타라 목장의 딸 스칼렛 오하라라는 주인공은 유복한 목장주 집안에서 태어나 미모가 뛰어나 뭇 남자들의 관심과 사랑을 받는다. 그러나 그녀는 오직 한 사람 애슐리의 사랑을 받으려 노력하지만, 애슐리는 멜라니를 마음에 두고 있었다. 애슐리가 그녀와의 결혼을 발표하자 스칼렛은 충격에 빠져 보란 듯이 다른 남자와 결혼한다. 그가 전쟁에서 전사하자 스칼렛은 미망인이 된다. 레트는 줄곧 그녀에게 관심을 가지고 지켜보지만, 스칼렛의 관심은 오직 애슐리뿐이다. 애슐리를 만나기 위해 멜라니를 도와 다친 병사들을 치료하는 자원봉사를 하고 있지만 정작 그녀는 다른 이들에게 관심도, 동정심도 그다지 없다. 오직 자신의 사랑과 자신의 부모, 그리고 타라 목장에 관한 생각뿐이었다. 타라 목장을 구하기 위해서 재력 있는 동생의 약혼자를 가로채 결혼하는 것도 서슴지 않는다. 이장현이 유길채가 마음을 주지 않아도 그녀의 곁을 떠나지 않고 기다린 것처럼 레트도 끈기 있게 기다려 마침내 결혼에 이르렀지만 두 사람의 어긋난 사랑은 좀처럼 자리를 잡지 못했다. 레트가 스칼렛을 대신해 사랑을 쏟아부은 예쁜 딸이 말에서 떨어져 죽고 두 사람이 다투다가 계단에서 떨어져 스칼렛의 둘째 아이까지 유산하게 되자 레트는 양심의 가책에 괴로워하고 급기야 애슐리에 대한 질투까지 더해 레트의 마음은 싸늘하게 굳어 간다. 멜라니의 장례식에서 스칼렛은 애슐리에 대한 그녀의 사랑이 허상에 불과했고 진정 자신이 사랑하는 남자는 레트였다는걸 뒤늦게 깨닫고 떠나는 그를 붙잡으려 애원하지만, 빛을 잃은 레트의 사랑은 냉정하기 그지없다. 슬피 울던 스칼렛은 "타라로 가자! 그를 되찾을 방법이 생각날 거야. 내일은 내일의 태양이 다시 떠오를 거야!" 스스로에게 다짐하며 스칼렛은 마지막까지도 희망과 자신감을 잃지 않는다.

중학생 때 단체 관람으로 보았던 영화, 그 후 지금까지도 잊히지 않는 스칼렛의 당당함과 도도함은 여자로 성숙해 가는소녀의 감성에 불을 질렀다. 나의 롤 모델이 된 매력적인 그녀의 모습을 잊을 수가 없었다. 이성을 대하던 나의 냉정함도 스칼렛에서 비롯되지 않았나 싶다. 어느 늦은 밤 학원을 마치고 돌아오는 길, 남학생 몇 명이 걸어와 에워싸며 사귀자고 말을 건 그 무서웠던 순간에도, 미팅 때 만난 남학생이 연락처를 가르쳐 달라고 사정할 때도 용기 있게, 도도하게 딱 자를 수 있었던 것도 그 때문이 아니었을까 싶다. 스칼렛이 레트를 놓친 것처럼 나 또한 당당함이 오만이 되어 좋아하는 사람을 매몰차게 보낸 적도 있었다. 드라마 〈연인〉을 보며 길채와 장현의 사랑이 절절하게 와닿았고 잊고 있었던 명화 〈바람과 함께 사라지다〉의 장면과 스칼렛이라는 캐릭터가 다시 떠올랐다. 〈연인〉의 황진영 작가도 영화 〈바람과 함께 사라지다〉를 떠올렸다고 했다. 작가는 레트 버틀러에서 볼 수 없었던 이장현의 동포에 대한 연민과 나라를 생각하는 마음이 짙게 깔린 의로운 모습으로 묘사했다. 이장현이 청에 볼모로 잡혀 있는 소현세자에게 하는 말이 가슴에 와닿았다.

"저하, 소인은 포로 시장의 조선 포로들이 지옥을 참고 있다고 생각지 않습니다. 저들은 살기를 선택한 자들입니다, 하루를 더 살아 낸다면 그 하루만큼 싸움에서 승리한 당당한 전사들이 되는 것이옵니다."

힘없는 나라여서 끌려간 백성들이 살아남기 위해 삶과 투쟁하는 것이다. 훗날 고국으로 돌아온 여인들이 사람들에게 손가락질당하고 집에서 쫓겨나는 버림받는 현실은 그들을 두 번 죽음의 고통으로 몰아넣기도 했다.

드라마 〈연인〉이 끝난 후 〈바람과 함께 사라지다〉를

고요의 옴니버스

검색해 다시 보았다. 그 옛날 지극히 매력적이었던 스칼렛 오하라가 지금은 가여운 생각이 들었다. 결국은 그녀의 사랑이란 가질 수 없었던 대상에 대한 집착과 탐욕이었으며 사랑의 허상만을 쫓다 곁에 있는 진실한 사랑을 놓치고 만 어리석은 여인에 불과했다. 배우 비비언 리의 일생도 스칼렛 오하라의 생과 그리 다르지 않았다. 〈바람과 함께 사라지다〉로 일약 인기 반열에 오른 그녀는 두 번의 아카데미 여우 주연상과 각종 상을 받게 되는 영광을 안았지만, 그녀의 생은 순탄치가 않았다. 어린 나이에 결혼한 후 따분한 일상에 지친 그녀는 다시 연기하며 기혼인 로런스 올리비에와 불륜에 빠졌다. 그 후 서로의 결혼 생활을 정리한 후에 재혼했지만, 조울증과 문란한 남성 편력으로 원만한 결혼 생활을 하지 못했다. 결핵, 망상 장애 등으로 결국 그녀는 로런스 올리비에와 이혼하고 메리 베일이라는 배우와 동거했다. 개인적 삶이 불운한 비운의 여배우는 결핵 합병증으로 53세에 짧고도 화려한 생을 마감했다. 스칼렛 오하라도, 화려했던 배우 비비언 리의 짧은 생도, 바람과 함께 사라졌다.

인생을 바라보는 시각도 살아온 세월에 따라 변화하는 것인지, 학창 시절 동경의 대상이었던 스칼렛이라는 인물이 다소 자기중심적이고 철없는 아가씨처럼 여겨졌다. 전쟁이라는 소용돌이 속에서 강인하게 살아 내야 했던 그녀의 환경이 더욱 자신에 대한 철벽을 치고 있었던 게 아닌가 싶었다. 〈연인〉의 '길채'라는 인물은 늦게나마 사랑을 깨닫고 그의 연인을 지키기 위해 자신을 내던지는 헌신적인 노력을 하지만 스칼렛은 레트의 사랑도 거부하지 않았고, 애슐리의 사랑도 필요했다. 어쩌면 자기 연민에 사로잡혀 모든 것을 자신이 원하는 방향대로 만들어 가려는 나르시시즘에서 헤어나지 못해 자신을 비운에 빠지게 한 가여운 여인이 아니었을까. 두 연인을 통해 우리는 곁에 있는 사람의 소중함을 깨달을 때가 된 것 같다. 무심코 했던 행동과 말들이 사랑하는 대상에게 혹시 상처를 주고 있지 않은지 주변을 돌아봄이 어떨지, 가정이란 틀을 깨지 않고 지켜 내기 위해 아내들이, 혹은 남편들이 얼마나 인내하고 사는지 고개를 돌려 객관적으로 바라볼 일이다.

나의 그림자

✦

　봉평에 도착하자 이미 그곳은 빙판길이었다. 어젯밤 내린 눈이 한파에 얼어붙어 눈부신 얼음 왕국을 이루어 낸 것이다. 큰 도로는 제설제로 간신히 녹여 냈지만, 작은 길은 곳곳이 얼어붙어 차바퀴가 떨리고 핸들을 잡은 내 살도 떨렸다. 오래전 폭설이 내린 후에 사족을 못 쓰는 봄눈이라고 겁 없이 차를 몰고 내리막길을 내려가다 덜 녹은 빙판길에 한 바퀴를 크게 돌아 벽에 부딪힐 뻔한 기억이 새삼스레 떠올랐기 때문이다.

　오늘은 애초에 예보된 고생길이었음에도 출발은 호기로웠으나 대관령 날씨는 가늠할 수가 없었다. 눈보라와

앞차의 흙탕물로 범벅이 된 앞 유리에 워셔 액을 뿌리면 그대로 얼어 버리는 온도였다. 역경을 헤치고 겨우 봉평에 도착해 주차까지 마쳤으나 더 큰 문제는 지금부터였다. 이효석문학관은 꽤 높은 산 중턱에 위치해 있어 얼어붙은 언덕길을 무사히 올라가는 것이 관건이었다. 미끄럼 방지판이 없는 부츠를 신고 조심스레 내디디며 차뿐만 아니라 사람도 월동 장구를 챙겨야 한다는 사실을 실감했다.

재작년 초여름의 이 길은 좀 덥긴 했지만 봉평의 아름다움을 그런대로 음미하며 걸을 수 있었다. 넓게 펼쳐지는 메밀의 초록 물결이 아늑함을 안겨 주었고 그늘이 드리운 벤치에 앉아 시원한 바람을 맞으며 이효석 문학관의 정경과 뒤쪽으로는 언덕 아래 펼쳐지는 봉평의 전경을 감상했었다. 우리에게 「메밀꽃 필 무렵」으로 친숙한 이효석의 생은 늘 외로웠고 가난과 싸워야 했다. 호는 가산可山, 부인과 둘째 딸을 잃은 뒤 그 충격에서 헤어나오지 못하고 결핵 수막염을 앓다가 35세로 그의 짧은 생을 마감했다. 문학관에는 그의 유품과 책들, 친필 원고, 그의 생전 서재 모습 등이 전시되어 있다. 시골 출신이지만 도시인의 삶을 살아왔던 그는 서양 영화를 좋아했고 서양 가수의 노래를 즐겨 들었다. 영어 교수로 행복했던 그의 짧은 인생과 지고지순한 아내와의 사랑이 배어 있다. 안타까운 생을 추모하며 잠시 슬픔에 잠겼고 그를 진심으로 그리워했었던 그때의 진지한 기억은 온데간데없고 지금은 살을 에는 듯한 바람에 자신을 지키며 오로지 미끄러지지 않게 발끝에 힘을 주며 올라가는 것이 최선이었다.

순백의 문학관 절경을 보며 이효석의 맑고 순수했던 마음과 닮았다는 생각을 잠시 해 본다. 얼굴에 둘둘 감은 스카프를 풀며 오랜만에 만나는 문인들과 반가운 인사를 나누었다. 차림새를 돌아볼 여유도 없이 자리에 앉자마자 총회가 시작되었다. 신인상은 다소 연륜이 있어 보이는 A 시인이 수상했다. 몇 분이 축하 꽃다발을 증정하고 당선의 기쁨을 나누었다. 그중 한 분은 나와 함께 서로 격려해 주며 꽃다발을 들고 힘겹게 올라왔던 분이셨다. A 시인이 무척이나 행복해 보였고 부러웠다. 매서운 눈보라를 뚫고 먼 길을 달려와 꽃다발을 안겨줄 사람들이 있다는 건 정말 감사한 일이다. 축하해 주러 온 지인들이 모두 모여 활짝 웃으며 기념사진을 촬영한다. 그 동안 인간관계를 참 잘해 오고 있었을 거라는 추측을 해 본다. 시인으로 거듭난 행보를 새로이 다짐하는 듯 미소에도 자신감이 있어 보인다.

사람과의 관계가 얼마나 소중한 일인지 겪어 보지 않고서는 모를 일이다. 지난 몇 달간 어떤 이와의 관계에서 좌절한 후 스스로 헤어 나오는 데 꼬박 한 달을 허비했었다.

사람에 대한 기대와 실망이 상쇄되지 않은 채 내 안에서 덜컹거렸고 그 흔들림 속에서는 긍정적 의지보다 부정적인 상실감이 늘 우위에 있었다. 악몽 같은 시간을 건너오며 주체할 수 없는 노여움 때문인지, 세월 때문인지, 가슴 안쪽이 조여지는 새로운 통증도 생겼다. 그럴 때마다 심호흡하며 내 의지가 제자리를 찾도록 깊은숨을 들이쉬며 '이 또한 지나가리라.' 하며 스스로를 달래곤 했다.

행사가 끝나고 전체 기념사진을 촬영한 뒤 회식 장소로 이동했다. 회원들께 전해 줄 책을 한 꾸러미 들고 나서니 고맙게도 원주의 S 시인이 같이 들어 주겠다고 했다. 두 여인이 무거운 책을 들고 행여 미끄러질까 웃지도 못하고 조심스럽게 얼어붙은 언덕길을 내려왔다. S 시인의 따뜻한 마음이 얼어붙은 내 몸과 마음을 녹여 준 듯했다. 한 사람의 행보에는 알게 모르게 많은 사람의 도움이 작용하고 있음을 새삼 깨달았다. 먼 길을 떠나는 아내가 걱정되어 차를 점검해 보고 기름을 채워 주는 남편, 행사장에는 잘 오고 있는지, 식당은 잘 찾아오는지 계속 전화를 주시는 사무처장님, 카메라를 들고 바쁘게 촬영을 해 주시는 K 시인, 동해에 가져갈 책을 챙겨 주시며 같이 들어 줄 테니까 기다리라는 부회장님, 혼자 내려오기에도 버거운 길을 무거운 책 꾸러미를 같이 들고 내려와 준 S 시인, 녹아내렸다가 얼어붙은 트렁크 문이 잠기지 않자 시린 바람에 언 손으로 끈으로 묶어 고정해 준 회장님, 내 주변에도 신경을 써 주는 고마운 분들이 많이 계시다는걸 왜 진작 몰랐을까. 사람에 대한 상처는 사람만이 풀 수 있고, 그걸 깨닫는 사람만이 수렁에서 나올 수 있다는 걸 자각하기까지의 시간이 필요한 걸까.

켄 윌버의 『무경계』를 읽다 보니 나름대로 정신적 고통에 대한 이해가 생겼다. 분노는 나를 건드리고 갈 뿐 내 전체가 흔들리는 것은 아니다. 나와 고통을 분리해서 객관적으로 봐야 한다. 내 몸과 고통도 우주 전체의 한 부분에 속해 있고 그 속에선 고통이란 것도 하찮게 여겨질 수도 있으리라. 고통을 나의 전체로 보지 않고 객관적으로 파악하면 국면을 헤쳐 나가기가 쉬울 수도 있다는 생각을 해 본다. 인간관계라는 건 대립의 갈등이다. 즐거움이 있으면 고통이 있기 마련이고 고통이 있으므로 치유가 빛을 발하는 것이고 나머지 삶이 아름다워 보이는 것이다. 밤이 있으므로 눈부신 오후가 있듯이 인생의 양면성을 인정하고 수용하며 삶의 가치를 깨닫는 것이 인생이 아닐까. 며칠 후 K 시인이 SNS로 사진을 보내 주셨다. 앉아 있는 내 표정이 진지해 보였는지, 혹은 지쳐 보였는지, 옆모습을 담은 컬러 사진과 흑백 사진 두 컷이었다. 감사한 맘으로 사진을 받았으나 가히 충격적이었다. 온갖 산전수전을 다 겪은 낯선 중년 여인의 피사체, 결코 나이고 싶지 않은 페르소나의 '그림자'였다. 카메라는 거짓말을 하지 않으니 내 본연의 모습이 여과

고요의 옴니버스

없이 투영된 것임을 인정하지 않을 수 없었다.

켄 윌버는 인간에게는 자신이 원하는 모습만 받아들이고 인정하는 페르소나와 원치 않고 버리고 싶은 것이 있는데 그것을 '그림자'라고 했다. 사진에 나타난 표정은 그날 그 자리에 있기까지 두 시간여 거리를 힘들게 헤매었을 나의 지친 그림자라고 밖에 표현할 수가 없었다. 사람들은 실상實像과는 상관없이 자신이 더욱 예쁘게 보이기를 원하며 더 보기 좋은 사진으로 인화되기를 원한다. 인간의 당연한 욕망이며 그것이 자신의 페르소나다. 사진을 보며 페르소나와 그림자 사이에서 나는 어디쯤 서 있는 걸까 생각하니 마음이 심란해진다. 어쩌면 사진이 평소 포장되어 있던 위선을 배제한 나의 본모습일지도 모르고, 그동안 피사체가 괜찮다고 생각해 왔던 것이 나의 착각이었을지도 모르지만 결국 K 시인이 깨닫게 해 준 것이다. 카메라에 투영된 피사체는 페르소나와 그 이면의 그림자, 양면으로 합쳐진 '나'라는 사실적 증거인 셈이다. 어떤 사람들은 사랑스럽고 자랑스러운 자신의 페르소나에 집착하거나, 혹 어떤 이들은 자신감을 상실하고 우울한 그림자의 모습인 채로 살아갈 수도 있다는 생각이 든다.

얼마 전 드라마를 보다가 여주인공이 우리 딸을 닮았다는 생각이 들어 캡처 해서 "너랑 얼굴이 너무 닮지 않았니?" 하고 보냈다. 한참 후에 딸에게서 답장이 왔다.

"네, 어머니. 제가 조금만 더 눈을 키우고 코를 좀 높이고 턱을 깎으면 비슷할 것 같습니다."

나는 한참을 웃었다. 딸은 내 눈에만 예쁘게 보이는 피사체였고 난 어쩔 수 없는 딸 바보 엄마임을 인정해야 했다.

지쳐 있는 내 모습도, 나를 힘들게 했던 사람도, 내 인생의 일부분에 지나지 않는다. 사람을 만날 땐 그 사람의 내면을 볼 줄 알아야 하며 진심은 굳이 말로 꾸미지 않아도 느껴지는 것이다. 연륜은 내 주변의 사람들을 돌아보고 고마움을 느낄 줄 알게 하는 것이며 하나의 피사체 속에 살아 있는 진정한 페르소나를 발견하는 일이다.

켄 윌버는 페르소나와 그림자의 경계를 허물고 자기 안에 존재하고 있는 부정적인 면과 긍정적인 면, 사랑스러움과 미움, 그리고 좋은 면과 나쁜 면 모두를 자신의 일부로 자기 내부에 포함해 받아들이고 새로운 신체적 유기체로 만들어 가야 한다고 말한다. 그리고 자신만 아니라 타인의 다양한 측면들을 인정하고 포괄적으로 수용한다면 수평선은 더 이상 바다와 육지를 구분하는 경계선이 아니라 육지와 바다가 만나는 지점이 될 것이리라.

K 시인이 보내 준 사진을 다시 한번 자세히 들여다보니 '왠지 연륜이 느껴지는 나의 페르소나, 나의 그림자'라고 굳이 의미를 부여해 본다.

황사

어느 날, 난데없이 유성 하나 길게 꼬리를 물고 내려오
더니 딸의 가슴에 박혔다. 살을 뚫고 들어간 유성이 딸
의 폐에 꽂히고 호흡마저 힘들게 했다. 작년 이맘때 요즘
처럼 지독한 황사가 계속되던 어느 날이었다.

비좁은 병실, 주차 칸처럼 나누어진 여섯 개의 침대와
고통에 찌든 낯빛 어두운 사람들. 그 속에 딸이 누워 있
었다. 겪지 않아도 될 상처를 가슴에 안고 폐에 꽂힌 관
과 연결된 피가 담긴 배액 통을 달고 있었다. 산소마스
크를 끼고 힘들게 호흡하던 딸이 나를 보자 미소를 지
었다.

시련은 견뎌 낼 수 있는 자에게만 찾아오는 것인가, 무던한 내 딸에게 왜 이런 고통이 찾아오는 것인지 너무기가 막혀 눈물샘도 막혀 버린 것인지 목만 멘다.

딸은 그날 휴가를 내고 집 근처에 있는 준종합병원에서 조직 검사를 받기 위해 아침부터 기다리고 있다고 문자를 보내왔다. 얼마 전 직장 종합 건강 검진에서 유방조직 검사를 권유받았기 때문이었다. 초음파 검사를 하고 한 시간 후에 조직 검사를 끝낸 후 볼일이 있어 춘천으로 향했다. 운전 도중에 검사한 자리가 너무 아팠고, 지금은 숨쉬기가 힘들 정도라고 했다. 가까운 병원으로어서 가 보라고 했다. 마음이 불안해 춘천에 계시는 형님께 가 봐 달라고 전화를 드렸다.

잠시 후에 병원에 도착한 형님이 의사 선생님과 얘기를 나눈 후 폐 천공이라 입원해야 한다고 연락이 왔다. 전화기를 잡은 손이 떨리고 목소리는 잠겨 겨우 대답만할 수 있었다. 세 시간여 거리를 달려가며 남편도 나도아무 말도 못 했다. 너무 놀라면 말문이 막힌다는 표현이 적절했다. 예전에 그 큰 사고를 당하고도 딸이 잘 견뎌 내지 않았는가. 이번에도 기필코 우리 애는 별 탈 없이 잘 이겨 내리라 스스로 위안을 하며 마음을 가다듬었다. 폐에 관을 삽입해 응급 처치를 마쳐서 안정된 상태라고 천천히 오라고 형님이 다시 전화를 주셨다.

코로나 검사를 마치고 10여 분 기다려 겨우 응급 병동에 들어가 딸을 볼 수 있었다. 딸은 "이제 괜찮아, 엄마." 하고 미소 지었다.

'우리 딸을 살려 주셔서 정말 감사합니다! 다시 웃을 수 있고 우리 곁에 있을 수 있다는 것만으로도 진심으로 감사하고 행복합니다.' 하고 감사의 기도를 올렸다.

병실을 배정받고 딸을 돌보며 며칠간 함께 지냈다. 같이 밥을 먹고, 책을 읽으며, 같이 잠들고, 얘기를 나누고 산책했지만, 지독한 황사로 흐려진 하늘은 마치 답답한 내 마음처럼 쉽게 맑아지지 않았다. 창문으로 쏟아지는 뿌연 빛만으로도 따스한 축복이거니 여겨야 했다.

형님은 병원 밥이 넘어가겠느냐 하시며 매끼 조카와 올케를 위해 맛있는 음식을 잔뜩 준비해 오셨다. 병실 사람들과 다 같이 모여 식사했는데 이렇게 맛있는 음식은 처음이라고 칭찬 일색이었다. 잘 챙겨 주는 고모가 가까이 계셔서 너무 부럽다고 했다. 첫날의 칙칙하고 어두웠던 느낌의 병실 분위기가 어느덧 즐겁게 얘기를 나눌 수 있는 화기애애한 공간이 되었다.

병실 안 여섯 개의 침대.

갓 입사하자마자 교통사고로 일주일째 출근을 못 하고 있는 아가씨는 맏이로서 어머니와 동생들을 살뜰히 챙기며 착실히 살아가는 듯했다. 붙임성이 좋고 마음 씀씀이가 참 예쁜 아가씨였다.

두 번째 침대에는 일어를 전공해 일본에서 살다가 귀국한 뒤 스포츠 마사지를 배웠고, 취미로 바이크를 즐겨 타는 여인이 일주일 전 바이크를 타다가 그만 사고를 당했다고 했는데, 그만하길 천만다행이었다. 나름 멋지게 사는 매력적인 여인이었다. 일본에 사는 오빠를 소개해 주고 싶다고 얘기를 꺼내려는데 곁에서 딸이 내 팔을 잡는다. 오지랖 넓은 엄마에게 제동을 걸어 준 셈이다.

맞은편 침대에는 남편이 열심히 간병을 해 주는 젊은 엄마였다. 부부는 아이들을 시댁에 맡겨 놓았다며 아이들을 보고 싶어 한다.

옆 침대에는 독신으로 살며 일을 하다 허리를 다친 젊은 아주머니, 혼자 힘들게 살아와서인지 온몸이 아프지 않은 곳이 없다. 모두 사연 한 보따리씩 가슴에 안고 살아가는 사람들이다.

입원 사흘째, 혹처럼 달고 다니던 배액 통을 떼어 내자, 활동이 자유로워졌다. 휴게소에서 딸과 커피를 마시며 많은 얘기를 나누었다. 그동안 혼자 힘들게 견디며 살아온 직장 생활의 아픔이 고스란히 내 맘까지 전해와 가슴이 아린다. 오죽하면 몸이 아픈 현재의 병원 생활이 회사에 나가는 것보다 더 좋다는 생각까지 할까 싶었다. 비록 몸은 힘들지언정 회사를 벗어나 있다는 것만으로도 딸에겐 자유롭고 위안이 되는 것이었다. 내게 가끔 힘들다고 얘기를 할 때마다 "누구든 힘든 시기가 있고 누구에게도 쉬운 직장 생활은 없을 것이니 스스로 극복해야 한다. 스트레스를 풀 취미 생활을 찾아보아라."라는 말로 위로가 되지 않는 위로를 했으니, 엄마가 얼마나 원망스러웠을까 싶었다.

조물주는 인간에게 감당할 수 있는 양만큼의 고통을 조금씩 분배해 주는 것인가, 맷집을 키우듯 고통도 자꾸

당하면 익숙해져 가는 것이었던가? 딸에게 닥쳐온 시련을 어떻게 치유해 줄 수 있을까 생각해 본다. 시간의 강이 흐르고 고통도 그 시간의 강물 따라 흘러 씻겨 내려가는 것이라면 기꺼이 그 강을 함께 노를 저어 건너가고 싶다. 또는 딸의 통증 코드와 내 통증 코드가 일치해 대신 아파 줄 수 있다면 그 또한 감내하고 싶은 게 모든 부모의 마음이 아닐까 싶었다. 그렇게라도 골이 깊어진 마음에 상처가 아물 수 있으면 다행이리라.

"너무 힘들면 그만두는 것도 해결 방안이 될 수도 있어, 회사에 복귀해 다시 한번 진지하게 생각해 보고 결정해라."

오래 얘기를 나누고 난 뒤 내린 결론이었다. '대기업'이라는 카테고리만으로 직원을 잡아 두고 싶었던 회사와 그 카테고리가 부모의 자랑이라 생각하며 자식의 아픔을 방관했던 나도 둘 다 공범의 영역에서 벗어나긴 어려웠다. 잠시 모녀의 대화가 끊어졌고, 두 사람 사이를 시원한 바람이 한 줄 그으며 지나갔다. 노랗던 하늘이 조금씩 본연의 푸른색을 찾아가고 있는 것 같았다. 군데군데 구름 옅어진 곳에 하늘빛이 감돈다. 오늘 밤엔 달이제 모습을 드러내고 벚꽃을 환하게 비추어 줄 것만 같다. 며칠 사이 상처가 아물어 가는 만큼 딸의 표정이 한결 밝아졌고 웃음도 많아진 것 같아 내 맘도 훨씬 편해졌다. 타지에서 홀로 지냈던 딸은 엄마와 함께 있는 시간만으로도, 하루도 거르지 않고 문병 오시는 고모의 관심과 사랑으로도 든든함을 안고 살아갈지도 모르겠다. 내 편이 있다는 건 세상을 살아가는데 있어 보이지 않는 힘이다. 내가 없는 동안 병실의 환우들이 딸의 편이 되어 주리라 생각하니 모든 것이 감사하다. 비록 의료사고로 인해 커다란 고통을 겪었지만, 그로 인해 생명의 소중함과 살아가는 의미에 대해 다시 한번 생각해 보는 계기가 되었음에 위안으로 삼아 본다.

병원 휴게소 창가에 앉아 떨어지는 꽃잎을 보며 햇살이 좀 더 따뜻해지기를, 황사가 옅어지고 하늘이 더 맑아지기를 염원해 본다. 세상에 드리워진 황사와 환자들의 고통이 구름 한 점 없는 푸른 하늘처럼 말갛게 아물면 한다. 이제 봄바람도 잠시 멈추고 오로지 꽃의 시간을 축원하리라. 해가 저무는 산과 바람에 흔들리는 벚

고요의 옴니버스

꽃을 보며 한참을 앉아 있었다. 꽃의 축제에 맞추어 바람과도 잠시 이별을 해야 할 시간, 분명 오늘 밤엔 황사가 걷히고 성근 별이 제빛을 발하리라.

내일

가지 않은 길
– 로맹가리의 삶에 비추어

가끔 내가 다른 곳에서, 지금의 내가 아닌 다른 모습
으로 살고 있다면 어땠을까 하고 생각한다. R. 프로스
트의 시처럼 모두가 가는 길을 두고 '가지 않은 길'을 찾
아 떠났더라면 어떤 모습으로 살고 있을까. 두 길 중에
서 나는 사람이 많이 걸었을 법한 편한 길을 택했다. 남
들이 적게 걸어간 길을 택했더라면, 결혼을 하지 않고,
이국에서 홀로 살았더라면, 과연 행복하다고 여겼을까?
그곳엔 지금의 내 가족의 존재 대신에 또 다른 사람들
이 자리하고 있을지도 모른다. 만족해하거나, 혹은 그
길 위에 서서 그때 가지 못하고 포기해야 했던 지금의

길을 그리워하며 어느 모퉁이에서 후회하고 있을지도 모른다.

예전에 주워 담지 못했던 후회와 미련을 삶의 귀로에서 부질없이 찾아 헤매고 있는 것이다. 어느 길이든 자신의 노력을 필요로 하지 않는 편한 길은 없을 것이며, 설령 그런 길이 있다 할지라도 자신의 피와 땀이 배어 있지 않다면 아무 의미가 없다는 걸 머리가 희끗해서야 조금 깨닫게 된다. 모든 인생은 자신의 선택과 노력에 달려 있고 그 길 속에서 이정표를 발견하고 따라가는 게 결국 인생이란 것을 조금은 알 듯하다.

에밀 아자르의 『자기 앞의 생』을 읽었다. 아니 정확히 말하면 '로맹 가리'의 작품이다. 로맹 가리도 본인이 아닌 다른 사람으로 살고 싶었던 것일까. '가지 않은 길'을 찾아 현재의 로맹 가리가 아닌 다른 사람의 길로, 독자들과 비평가들에게, 냉정하게 실력을 평가받고 싶었던 것일까. 작가 에밀 아자르와 기존 작가 로맹 가리의 이름으로 줄곧 작품을 발표하며 이중적인 삶을 살고 있었으나 독자와 비평가들, 기자들 사이에서 그 누구도 알아차

리지 못했다.

소설 속 14세의 주인공 모하메드를 이웃 사람들은 '모 모'라고 불렀다. 오래전 따라 불렀던 「모모」라는 노래를 기억해 낸다.

모모는 철부지 / 모모는 무지개 / 모모는 생을 쫓아가는 시 계바늘이다

— 김만준 작사, 박철홍 작곡, 「모모」 중에서

마지막 후렴구에 "인간은 사랑 없인 살 수 없다는 것 을 모모는 잘 알고 있기 때문이다"라고 끝난다. 모 대학 가요제에서 가수 김만준이 불러 한때 인기를 끌었던 노 래. 당시엔 미하엘 엔데의 『모모』라는 작품에서 유래되 었다고 대부분의 사람들이 알고 있었지만 훗날 가수 본 인이 인터뷰에서 『자기 앞의 생』에서 영향을 받았다고 말한 걸 본 적이 있다. 어느 것도 중요치는 않다. 다만 『자기 앞의 생』을 읽었을 때의 결말의 충격이 애달프게 가슴에 남아 있을 뿐이다.

로맹 가리의 소설은 사실적인 배경의 묘사와 인물 구

성이 치밀했다. 감정의 흐름과 캐릭터의 구성도 완벽했고 어린 모모의 탈출구도 마련하는, 어린애답지 않은 생각과 계획이 있었다. 어쩌면 어린 로맹 가리의 등장이라고도 할 수 있는 상상의 전개 속에서 로맹 가리의 어린 시절과 삶을 떠올렸다. 『자기 앞의 생』은 충격적이면서도 아름다운 이야기와 슬픈 결말을 독자에게 가감 없이 보여 주었다.

한때 창녀였지만 아이들을 양육하며 살아가는 로자 아줌마를 어린 모모는 엄마 대신으로 믿고 의지했다. 훗날 양육비가 끊긴 모모를 버리지 않고 계속 키워 준 그녀와 모모 사이에는 평범하지 않은 끈끈한 모자 관계가 싹트고, 죽음의 그림자가 서서히 다가오는 그녀와 헤어지는 게 두려운 모모는 그녀 곁을 지킨다. 다가오는 죽음에 시시각각 대응하며 대범하게 맞서는 모모는 이미 열네 살의 어린 소년이 아니었다. 바깥세상으로부터, 유대인인 그녀를 박해했던 나치의 환영幻影으로부터 지켜 내며 곁에서 돌본다. 결국 저세상으로 가 버린 로자 아줌마를 그녀의 지하 아지트로 옮기고 화장으로, 향수로 곱게 치장한다. 소녀 적 그녀의 꽃 같은 모습을 지켜 주

고요의 옴니버스

고 싶었는지도 모른다. 소년에게는 그가 할 수 있는 최선의 방법이었고 그녀 곁에서 그의 생도 함께 하고 싶었던 것이다.

모모는 그의 정신적 지주였던 하밀 할아버지에게 끊임없이 묻곤 했다.

"사람이 사랑 없이 살 수 있나요?"

삶과 죽음의 경계는 어린 모모에게 중요치 않았다. 사랑하는 로자 아줌마와 떨어진다는 사실만으로 세상이 무너지는 큰 슬픔이기에 그녀와 마지막까지 세상을 함께하고자 했다.

로맹 가리는 1914년 모스크바에서 태어났다. 본명은 로만 카체프. 배우인 어머니 밑에서 자랐다. 유태인 출신인 그는 어머니의 바람대로 자신의 뿌리를 지워 내고자 프랑스로 이주해 그곳에서 법학을 공부한다. 외교관으로 활동을 하며 첫 소설 『유럽의 교육』이 비평가상을 받으며 본격적인 작가 활동을 시작했다. 42세에 『하늘의 뿌리』로 프랑스에서 가장 명예스러운 공쿠르상을 수상했다. 그 후 61세에 '에밀 아자르'란 이름으로 출간한 『자기 앞의 생』으로 두 번째 공쿠르상을 수상했으나 그는 반려한다. 한 작가에게 두 번 수상한 적이 없다는 공쿠르상을 받을 수 없었을 것이며 그는 자신의 실력을 인정받은 것으로 만족했으리라. 로맹 가리로 최고의 상을 받았고 독자들에게 이미 알려진 그였다. 그러나 그 유명세가 시간이 지나며 시들시들해지고 사람들이 더 이상 관심을 두지 않자 그는 새로운 인물로 재조명 받으며 작가로서의 자신에게 다시 한번 확신을 가지고 싶었을 것이다.

66세로 그는 로맹 가리의 삶과 에밀 아자르의 삶을 동시에 스스로 종결지었다. 그의 활발했던 창작 활동에 마침내 종지부를 찍고 싶었던 것일까. 『에밀 아자르의 삶과 죽음』이란 원고를 유서처럼 남기고 이 세상을 떠났다. 세상에 던지고 싶었던 말과 원망. 그리고 자신의 창작에 대한 소고小考도 남김없이 서술했다. 그가 로맹 가리의 삶을 살면서 못다 한 이야기를 에밀 아자르를 통해 전달하고 싶었는지도 모른다.

세상은 성공을 이룩한 자들에게 결코 관대하지 않다는 걸 로맹 가리는 깨닫게 되고 잠시 존재에 대한 회의에 빠진 게 아니었을까, 사람들에게 잊혀 가는 자신의 존재가 용납되지 않았을 것이고 기존의 창작 주제와는 다른 참신한 소재로 새로운 작가로서 독자에게 접근하고 싶었을 것이다. 비평가들의 찬사에 내심 쾌재를 부르며 잠시나마 흐뭇해했을지도 모른다. 그러다가 에밀 아자르와 로맹 가리의 중간쯤에서 정신적 방황도 있었으리라.

그의 삶이 그걸로 끝이었나, 그렇게 생을 마감했었어야 했나 하는 유감과 아쉬움은 독자들이 감당해야 할 몫으로 남겨 둔 건가 싶었다.

처음부터 『자기 앞의 생』을 읽을 생각은 아니었다. 『새들은 페루에 가서 죽다』라는 제목이 너무 마음에 들어 찾아보니 로맹 가리의 작품이었고 그의 단편 작품집을 읽으며 화려하면서도 세밀한 문체와 메시지가 담긴 주제에 놀라웠다. 독창적인 소재와 사회에 대한 비판을 풍자한 내용에 매료되어 눈도 떼지 않고 내처 읽어 갔다. 세상의 끝, 생의 비리고 안타까운 아름다움, 인간은 아직도 그 자신이 선구자이지만 전례 없는 변화가 인간을 기다리고 있음을 날카롭게 풍자하고 있었다. 새들이 죽으러 오는 페루의 바닷가, 한 여인이 그곳으로 와 새들처럼 죽음을 갈망하지만 주인공은 죽음으로부터 기어코 그녀를 구해 낸다. 아내를 찾아 헤매다 이곳 페루까지 온 남편의 등장으로 선구자 같은 주인공의 행위가 결코 그녀에게는 행복이 아니었음을 시사한다. 「어떤 휴머니스트」, 「벽」, 「몰락」, 「가짜」, 「비둘기 시민」 등 몇몇 작품이 아직 뇌리에 남아 있다. 뛰어난 문체에 반한 나는 연이어 그의 장편 『자기 앞의 생』을 읽기 시작했다. 그 작가가 에밀 아자르이고 그가 바로 로맹 가리란 사실도 처음 알게 되었다.

헤밍웨이나 로맹 가리 같은 천재적인 작가들은 왜 자살을 선택하는 것일까.

죽음과 맞바꿀 만큼 그의 명성과 자존심이 그렇게 대단해서였을까. 아니면 세기의 명작을 다시 쓸 자신감이 사라진 것일까. 어쩌면 자기애가 너무 강해서 더 이상의 삶이 무의미하다고 여긴 탓이었을까, 혹여 죽음만이 최선이라는 악마의 유혹이 있었던 것인지, 평범한 뇌의 구조를 가진 나로서는 도무지 이해할 수가 없었다. 안타까운 마음에 여러 생각만이 꼬리를 물었다.

또 다른 나를 꿈꾸며 살아온 날들이 허망하리만큼 현실에 최선을 다해 살자는 나의 생각은 때로는 답답함으로 다가오기도 한다. 나름대로 열심히 살았다고 생각했던 건 나의 안일함이었을까. 열심히 살았다고 스스로 자부하더라도 위대한 사람들의 삶과 비교도 되지 않을 만큼 소소하고 치열하게 살아 보지도 못한 보잘것없는 삶이 아니었을까 하는 회의가 밀려온다.

위대한 작가들의 삶은 그만큼 정열적으로, 고뇌하며, 살아왔던 인생이었기에 스스로 죽음을 선택할 만큼의 후회 없는 생이 아니었을까 하고 유추해 본다. 로맹 가리의 삶으로도, 에밀 아자르의 삶으로도 후회가 되지 않은 작가의 인생이라면 무릇 글을 쓰려 하는 나에게 몇 가지 의문을 제시할 수도 있으리라. 너는 어떻게 살아왔는가? 얼마나 열정적으로 작품을 원하는가? 그러기 위해 너는 얼마만큼 노력했는가? 진정 이 길을 원하는가? 다시 한번 나 자신과 일문일답을 해 본다. 책의 표사가 눈길을 사로잡는다. '로맹 가리는 에밀 아자르를 창

조했고 에밀 아자르는 로맹 가리의 삶을 이끌었다.'

마지막으로 나에게 또 한 번 묻는다. 가야 할 두 갈림 길 중에서 네가 선택한 길은 최선이었나? 그렇다면 너는 그 길의 어디에 쯤 서 있는 거냐고.

너 자신을 믿어라

조금은 착잡한 하루였다. 드라마 속 여주인공이 열연을 펼쳐도, 뉴스에서 여·야당 대표의 설전이 오가도 도통 귀에 들리지 않고 집중이 되지 않았다. 마음이 안정되지 않고 도무지 해결 방도가 생각나지 않는, 말 그대로 좌불안석坐不安席이다. 딱히 잘못이 있거나 누구에게 죄송할 만한 행동을 한 것도 아닌데 개운치 못한 마음, 하루 종일 고민이 체증처럼 가슴 한쪽에 달라붙어 있는 것이다.

행사를 잘 진행하려고 나름대로 준비했다고 생각했으나 막상 막이 오르니 시작 멘트부터 매끄럽지 않아 심히 당황스러웠다. 너무 잘하려고 하는 내 욕심이 일을 그르치지 않았나 싶었다. 그리고 미리 써 놓은 원고가 갑작스레 바뀌어 버린 진행 순서로 인해 뒤죽박죽되었다. 시간이 흐르자, 진행은 안정되었고 별 탈 없이 행사를 잘 끝냈다고 생각했다. 찾아온 관객에게도 덕분에 행사 잘 보고 간다는 인사도 들었다. 그런데도 기분이 개운치가 않은 것은 단체 톡에서 회장 외에는 누구도 언급이 없기 때문이었다. 행사가 끝나면 으레 서로 수고했다고 얘기들을 나누곤 하는데 그날은 아무도 말이 없었다. 잘하든 잘하지 못했든 누구에게 얘기라도 듣고 평이라도 받아야 마음이 편할 것 같은데 얘기해 주는 사람이 아무도 없다.

다음 날 개인적 사정으로 행사에 참석 못 했던 친구에게서 전화가 왔다.

"너 사회 잘 봤다며?"

"누가 그랬어?"

"아니, 분명히 잘했을 거란 내 생각이야."

둘이서 한참을 웃고 말았다. 여전히 남아 있는 허무와 자책감으로 한 이틀 맘속에서 서운함을 굴리고 있었다.

고요의 옴니버스

친구의 따뜻한 말이 우울함을 달래 주어도 시간이 지날수록 눈덩이처럼 불린 서운함이 스스로 치유될 기미가 없었다. 그 서운함이 단단해져 녹을 기미가 보이지 않자 골똘히 생각한 끝에 누군가에게 털어놓기로 마음먹었다. 모임에서 비교적 친한 분께 전화했다.

"내가 사회를 못 봤나요? 왜 아무도 수고했단 말도, 의견도 얘기 안 하는 걸까요?"

단도직입적으로 물어보았다. 형님은 행사가 잘 끝났다는 생각에 그저 안도하고 있었고 친한 친구 남편의 급작스러운 부고에 정신이 없었다고 했다. 누군가는 충격적인 부고 소식에 어리둥절한 때, 죽음을 목도한 친구의 슬픔을 어떻게 달래 주어야 하나 마음 아파하고 있을 때, 사소한 일에 안달하는 나 자신이 지극히 소인배처럼 생각되었고 투정은 건강한 자의 사치로 여겨졌다.

"맘이 어지러울 때 괜스레 전화까지 해서 죄송해요."

얼른 사과드렸다.

"서운한 게 당연하지, 오히려 인사를 못 해 줘서 미안하다."

부군의 사업을 도우면서도 자기 계발을 게을리하지 않

고 긍정적인 삶을 살며 너그러운 성품을 가진 그녀의 말에 서운했던 나의 마음이 안개가 걷히듯 맑아지는 듯했다. 형님도 오래전 남편을 간호하느라 몇 개월을 애면글면 병원에서 보냈으니, 친구의 큰 슬픔이 단순히 남의 슬픔이 아니었으리라. 작은 일에 연연해야 했던 나를 돌아보며 이젠 대범하게 살기로 마음을 먹었다. 그나마 수고 많았다고 위로해 준 회장님의 전화와 절친과의 수다로 마음을 풀었고 위로를 받았다. 친구도 행사가 끝나고 나면 진행을 잘 봤는지 신경이 쓰이고 '더 잘할걸.' 하고 후회가 되기도 한다는 것이었다. 평소 행사 진행이라면 자신 있게 잘하는 친구였는데도 끝난 후에 늘 허전함과 후회가 밀려온다는 고민은 처음 들었다. 나 혼자만의 걱정거리가 아니었음을 알게 된 게 오히려 다행스러웠다. 며칠 마음의 일탈로 어수선하게 보낸 후에 내린 나의 결론은 '이 또한 지나가리라.'였다. 모든 후회는 지나간 순간 속에 묻어 갈 것이리라. 전쟁의 승리를 만끽한 다윗왕이 좋은 문구를 새긴 반지를 세공사에게 주문하자 반지 세공사는 고민 끝에 솔로몬을 찾아갔다. 솔로몬 왕자는 "이 또한 지나가리라."라는 현명한 문구를 말했다고

고요의 옴니버스

했다. 솔로몬왕의 말처럼 여유를 가지고 견디다 보면 이 순간을 넘기리라.

　3일 뒤 출판 기념회가 있었다. 나를 위로해 줬던 친구가 진행을 맡았고 나는 작품 낭송을 해 드리기로 했다. 이미 많은 사람이 자리를 메우고 있었다. 많은 분이 축하해 주기 위해 모였다는 것은 가히 선생님의 명망을 말해 주는 듯했다. 마주치는 사람들이 대부분 아는 분들이어서 인사하기에 시간이 부족해 몇 분은 인사를 드리지 못했다.

　마침, 시 낭송 모임의 신입 회원이신 분이 다도회 회장으로 입구에서 다과를 준비해 출판회에 오신 분들에게 맛있는 녹차와 다식, 과일 등을 대접해 주고 계셨다. 나를 보자마자 반갑게 인사하며 차를 권하셨다.

　"그날 행사 때 어쩜 그리 사회를 잘 보시는지 너무 좋은 시간을 보내고 왔어요!"

　"그렇게 말씀해 주서서 너무 감사합니다."

　진심 어린 인사를 하며 돌아선 순간 내 마음 구석에 응어리졌던 작은 눈덩이가 봄눈 녹듯이 스르르 녹아내렸다. 누구나 인정받고 싶고 칭찬받고 싶은 욕구가 내재하는가 보다. 오늘 새로운 소설을 발간하는 선생님도 지난번에 발간한 소설책을 나한테 한 권 주시고 난 뒤, 책 내용에 대해 소감을 물어오셨다. 이미 많은 책을 출간하신 선생님도 본인 작품에 대한 소감을 듣고 싶으셨나 보다. 아직 한 권밖에 출간하지 못한 나로서는 소감을 묻기가 두려워 상대방이 먼저 얘기해 줄 때까지 기다려야 했다. 회원인 이 선생님은 책을 읽는 내내 정말 행복했다고 말씀해 주시고 또 어떤 분들은 본인이 재미있어 가족들도 다 읽으셨다는 말씀도 해 주었다. 읽어 주신 분들께 진심 어린 칭찬을 받았을 때 기쁨에 겨웠다. 사람은 칭찬을 먹고 살아가는 생명체인가. 사람뿐만이 아니라 화초도, 똑같이 물을 주어도 칭찬과 사랑을 받으면 예쁘게 잘 자라고 미워하고 욕하면 시든다고 『물은 답을 알고 있다』란 책에서 읽은 적이 있다. 어찌 되었든 다도회 회장님께 진심 어린 칭찬을 받은 뒤 마음이 한결 가벼워져 작품 낭송을 그다지 긴장하지 않고 잘 마쳤다. 역시 칭찬은 고래도 춤추게 하는 것이다. 낭송을 끝내고 나오며 비로소 만족감이 몰려왔다. 그동안 반도 차지

고요의 옴니버스

않았던 마음의 잔이 어느새 80퍼센트 정도 채워져 흡족하게 행사장을 나왔다.

　내가 한 모든 일에는 책임이 따르기 마련이고 그 책임감에 충실히 하고자 진심으로 최선을 다했을 경우, 그 결과에 대해서는 의문을 품지 말아야 한다는 생각이 들었다. 진심과 최선은 어느 때라도, 어느 곳에서도 통할 수 있는 프리 패스권 같은 것이다. 스스로에게도 분명하게 깨우쳐 주어야 하는 것은 자신에 대한 믿음이다. 소크라테스의 "너 자신을 알라."라는 말이 마치 "너 자신을 믿어라."처럼 해석되는 건 나의 자만에서 비롯된 것이 아닌 진정한 나의 바람일지도 모를 일이다.
　작품 낭송을 잘 끝냈다는 결론에 도달하자 다른 사람들의 반응이 전혀 신경 쓰이지 않은 것은 '나'에 대한 믿음에서 비롯되었음을 알기 때문이다.
　돌아와서 생각해 보니 다급하게 나오느라 멀리서 오신 몇 분의 선생님들께 제대로 인사를 못 하고 나온 것이 못내 맘에 걸렸다.

도깨비에게 먹힌 남자

    먼 길을 가던 한 남자가 버려진 집을 발견하고 하룻밤을 쉬어 가기로 한다. 자정이 지나니 도깨비 하나가 시체를 들고 나타났다. 도깨비는 남자 바로 옆에 시체를 내려놓았다. 곧이어 또 다른 도깨비가 나타나 시체를 놓고 다투기 시작했다. 서로 자기가 시체를 가져왔고 자기 것이라고 주장했다. 도깨비들은 남자에게 몸을 돌려 누가 이 시체를 들고 왔는지 판결을 내려 달라고 했다. 먼저 들어온 도깨비가 시체를 가져왔다고 하자 화가 난 다른 도깨비가 남자의 팔을 뜯어 버렸다. 먼저 온 도깨비가 시체의 팔을 남자에게 붙여 주었다. 두 번째 도깨비가 남자의 신체를 계속 뜯어냈고 먼저 온 도깨비는 시체의 부위에서 똑같은 부위를 뜯어내 붙여 주었다. 두 팔과 다리, 몸통. 심지어 머리까지 다 뜯어서 두 도깨비가 함께 먹어 치우고는 입을 닦고 가 버렸다. 남자는 극도로 혼란에 빠져 버렸다. 자신의 몸은 도깨비들에게 다 먹혀 버렸고 누군가의 신체로 완전히 대체되었다. 이제 그는 몸을 가진 것인가? 내 것이 맞는 건가? 알 길이 없었다. 길을 가다 수도승들을 만났다.

"내가 존재하는 것입니까, 아닙니까?"

"당신은 누구신가요?"

수도승들이 반문했다.

『나는 죽었다고 말하는 남자』의 프롤로그다. 오래전 읽었지만 섬뜩한 내용에 담긴 의미는 무엇인지 늘 찜찜하게 남아 있었다. 도서관에 들렀다가 그 책이 있어 다시 대여를 했다.

아닐 아난타스와미의 『나는 죽었다고 말하는 남자』의 부제는 '자아의 8가지 그림자'다.

제1장 「나는 죽었다고 말하는 남자」(코타르 증후군), 제

2장 「누가 '나'의 이야기를 방해하는가」(알츠하이머병), 제3장 「한쪽 다리를 버리고 싶었던 남자」(신체 통합 정체성 장애), 제4장 「내가 여기에 있다고 말해 줘」(조현병), 제5장 「마치 꿈속인 듯 살아가는 사람들」(이인증), 제6장 「자아의 걸음마가 멈췄을 때」(자폐 스펙트럼 장애), 제7장 「내 곁에 또 다른 내가 있다면」(유체 이탈), 제8장 「지금 여기, 아무것도 아닌 것이 되어」(황홀경 간질).

우리 주위에 흔한 병은 아니어서 정상적인 사고로는 이해가 안 되는 증상들이다. 책을 읽고 나니 세상엔 특별한 정신세계를 가진 사람들이 있다는 것을 알게 되었고, 경쟁의 시대에서, 스트레스와 중압감에 견디기 힘든 현대에선 더욱 많은 사람과 사건이, 뉴스를 통해 우리에게 전해지고, 주위에서도 일어날 수 있는 사태의 심각성에 직면해 있는 것이다. 여덟 가지의 병은 우리의 뇌와 정신이 손상을 입어 생기는 병이고 그 병으로 고통받고 있는 사람들이 우리 주위에 있다는 것을 알려 주는 것이리라. 알츠하이머병 편을 보며 치매를 앓고 있는 엄마를 떠올렸다. 혼자만 기억하는 세상. 그리고 그 세계에서 헤어 나오지 못하는 자아, 현실과 연결된 고리를 끊고 저장된 해마 속에서 살고 계신 것이다. 비록 얼마 남지 않은 생애지만 그 세상에서나마 건강하고 즐겁게 살다 가시면 한다. 엄마는 과거의 기억 속에서 살고 우리는 현재의 엄마를 보며 살아 계심에 의미를 부여하며 감사해할 뿐이다.

제3장 「한쪽 다리를 버리고 싶었던 남자」가 가장 공감하기 힘든 내용이다. 코타르 증후군, 조현병, 이인증, 유체 이탈 같은 증상은 뇌의 손상에서 온다고 하지만 신체 통합 정체성 장애는 뇌가 지극히 정상이다. 다만 멀쩡한 자신의 다리를 떼어 내고 싶은 충동이 끊이질 않고, 있어서는 안 될 뭔가가 달라붙어 있는 것 같아 몹시 불쾌하고 고통스러움을 느낀다는 것이다. 데이비드는 영화배우처럼 잘생긴 청년이었지만 한쪽 다리를 잘라 내는 것이 소원이었다. 그에겐 남들이 정상적으로 느끼고 잘 사용하고 있는 다리가 이물감으로 여겨졌고, 사기꾼이자 침입자로밖에 여겨지지 않았다. 몇 번이나 다리를 절단하려고 냉동시켜서 절단해 보기도 하고 톱으로 자르려고도 계획했으나 집에서 혼

자 실행하기에는 쉽지 않았다. 그는 사람들과 교류하고 싶지 않아 이웃과 거의 담을 쌓고 지내고 있었다. 우연히 온라인을 통해서 그와 같은 사람들이 있다는 것을 알았고, 그 자신이 신체 통합 정체성 장애Body Integrity Identity Disorder, BIID라는 것을 알게 되었다. 온라인 커뮤니티에는 BIID로 고통받는 사람들이 가입하고 있었다. BIID에 대한 이해는 최근에 시작되었는데 1977년 '신체 절단 애호증'에 관한 논문에 따르면 신체 절단을 향한 욕망을 이상 성욕을 광범위하게 일컫는 '성적 도착Paraphilia'으로 분류하기도 한다. BIID 사이트의 문지기 패트릭도 10년 전 퍼스의 소개로 다리 절단 수술을 받았다. 패트릭은 네 살 때부터 자신의 다리가 이상하다는 느낌을 받았고 그 후로 다리를 제거하겠다는 욕망에 사로잡혔다. 아내도 이 사실을 알고 처음에는 충격을 받았지만, 남편이 40년 넘게 힘들게 살아온 사실을 이해하고 받아들였다. 수술을 받고 난 뒤 그는 믿을 수가 없었고 드디어 다리가 없어져서 황홀했다고 심경을 토로했다. 가족들이 BIID로부터 자유로워진 그를 축하했다고 한다. 일반적인 사고로

고요의 옴니버스

는 이해하기 힘든 상황이란 내 생각은 여전하다. 뇌는 생각과 행동의 주체가 되는 감각을 만든다. 이른바 주체감이라 불리는 이것이 우리의 행위와 생각들을 내 것이라 여기게 해 주는데, 이것이 잘못되거나 지나치면 정신적 망상이나 조현병 따위의 문제로 이어질 수도 있다.

'환각지'라는 용어가 있는데 환자들이 자신의 팔과 다리가 없는 데도 고통을 느끼는 것을 말한다. 피터 브루커는 팔과 다리가 없이 태어났는데도 환각지를 경험한 여성에 관한 사례를 밝혔다. 선천적으로 없는 수족의 환각은 육체 없는 활기이며 실제 수족이 정상적으로 자라지 못했다고 하더라도 뇌에는 그 자리가 들어 있다고 한다. BIID는 그 반대라고 했다. 몸은 다 자랐지만 어떤 이유에서인지 뇌에는 수족 또는 그 일부에 대한 지도가 불완전하게 자리 잡아 빠진 것이다. 신체 지도를 구축하는 데 특히 중요한 역할을 한다고 생각되는 것이 우뇌의 '상두 정소엽'이다. BIID 환자의 경우 이 영역이 다른 사람들에 비해 얇다는 사실을 발견했다.

자발적 신체 절단에 대한 윤리 문제는 논쟁거리다.

BIID 환자들은 가슴 축소 수술처럼 몸을 수정하는 성형수술과 비슷하다고 주장하지만, 생명 윤리 학자들은 신체 절단이 영구 장애를 수반하기 때문에 안 된다고 말한다. 한편에선 거식증 환자에게 때때로 억지로 음식을 먹이는 일이 있듯 BIID 환자의 절단은 인정하지 말아야 한다고 하고, 한편에선 BIID 환자의 경우 신체적 부조화에 대한 내면과 감정을 객관적으로 측정하기가 불가능하다고도 한다. BIID 환자 52명을 상대로 한 설문조사에서 65퍼센트의 환자들이 심리 치료를 받아 본 경험이 있다고 보고했다. 심리 치료도 신체 절단을 향한 그들의 욕망에 아무런 영향을 끼치지 못했다. 그들을 수술해 준 닥터 리는 보통의 사람들은 신체를 절단하면 정신적 외상을 입을 정도로 충격을 받고 우울해지지만 BIID 환자들은 놀랍게도 수술한 바로 다음 날 목발을 짚고 걷는다고 했다.

데이비드의 수술 날짜가 잡혀 두려워할 거라고 생각했지만 표정은 밝았다. 몇 시간의 어렵고 힘든 수술을 끝냈고 이틀 후에는 목발을 짚고 걷고 있었다. 그는 후회하지 않는다고 했다. 다리가 절단된 그의 신체가

　　　　　　　　　　　　　　　　고요의 옴니버스

새로운 세계를 향해서 씩씩하게 나아갈 수 있을 것인지 그 희망과 행복은 그의 선택이며 그의 의지에 달려 있다. 그 행복감과 만족감은 본인만이 느낄 수 있을 것이다.

앞서 말한 우화 「도깨비에게 먹힌 남자」로 돌아가 본다. 나그네의 진짜 몸은 도깨비에게 먹히고 다른 사람의 몸으로 대체된 그는 과연 원래의 그 사람이라고 얘기할 수 있을까? 수도승들은 "당신은 누구입니까?" 하고 반문한다. "자신의 원래의 몸과 지금의 몸은 차이가 없고 몸을 구성하는 요소들이 모여, '이것이 내 몸'이라는 느낌을 가져 오는 것이다. 남자는 진실을 보았다. 그리고 불교에서 말하는 대로 해탈했다."라고 작가는 에필로그에서 언급한다. 내용을 다시 읽고 나니 여덟 가지 자아의 밑그림을 그리기 위한 작가의 의도를 알 수 있을 것 같다. 여덟 가지 증상들을 독자들이 잘 이해할 수 있고, 그 결과로 우리의 삶을 돌아볼 수 있게 하는 것이 작가의 마음이었을까 짐작해 본다.

"나는 누구인가? 나는 어디에나 있으나 또한 어디에도

없다!"

작가는 나에게 무거운 화두를 던진다.

장인의 꿈

✦

　어둠 속에 잠시 눈을 감으면 일제히 달려드는 세상, 상상想像을 풀어놓고 밤을 견디다 보면 최근에 떠나가신 분들의 모습이 파노라마처럼 그려진다. 그러다 핸드폰을 열어 뉴스를 검색하며 같잖게 세상을 걱정하고, 지인의 SNS 계정을 훑어본다.

　며칠 전 사진작가인 친구가 봐 달라며 몇 장의 사진을 보내왔다. 물레를 잦는 여인, 도자기를 빚는 도공, 얼음 조각가, 한 분야에 평생을 바친 장인들의 사진이다. 프레임 속에 갇혀 있는 그리움들을 풀어내듯 어슴푸레 과거의 시간을 펼쳐 본다.

그 사진 속에서 물레를 돌리며 홀로 긴 시간을 보내었을 인생을 기억해 낸다. 기나긴 밤, 물레를 잣는다는 건 홀로 생업을 견뎌 내야 하는 고달픔의 씨실과 돌아오지 않는 남편을 기다리던 외로움의 날실로 짜인 눈물의 세월이었을 것이다.

시골에 계신 큰어머님의 인생이 그러했다. 전쟁 통에 남편을 잃어버리고 자식도 없이 홀로 긴 세월을 살아 내야 했다. 평생 물레로 실을 잣고 삼베길쌈을 하며 살아 오셨던 큰어머님의 허리는 90도로 꺾여 있어 푸른 하늘을 올려다볼 수 없다. 굽은 다리는 펴지지 않으며 툭 불거진 무릎이 늘 아프시다. 오랜 세월에 밴 그리움과 고통의 나날들을 길쌈으로 삭이셨으리라.

몇 년 전 "자네가 우리 집안에 들어온 뒤 내가 해 준 게 없었네." 하시며 보따리 하나를 보내오셨다. 큰어머니의 보따리를 조심스레 풀어 보니 하얀 종이에 곱게 싸여진 삼베로 만든 밥상보가 있었다. 짜임새가 예사롭지 않았고 기존에 봐 왔던 삼베보다 훨씬 고급스러운 색상으로 만들어져 있었다. 넓게 펼쳐진 삼베에 돌아가며 다른 조각을 이어 붙인 기품 있는 밥상보, 60여 년 물레를 돌

고요의 옴니버스

려온 장인의 예술품에 큰어머니의 서러움이 느껴져 가
슴이 뭉클했다. 밥상보로 쓰기엔 너무 아까워 장롱 안
에 고이 모셔 두었다. 물레 잣는 여인의 사진을 보며 한
동안 잊고 있었던 큰어머님과 그 기품 어린 삼베 밥상보
가 다시금 생각났다.

  누구도 넘볼 수 없는 아름다운 선을 이루고자 황토에
서 끌어올린 기운으로 작품을 성형하고 정형, 시유,
1000도 이상의 소성을 거쳐 마침내 예술품을 건져내는
도공, 먼 기다림의 시간을 인내하며 장인의 손을 거친
끈질긴 예술혼이 마침내 작품으로 환생한다.
  한때 도예에 마음을 뺏겨 2년 동안 끊임없이 작품을
만들어 낸 적이 있었다. 그것도 예술이라 여겼지만 직접
물레를 차 보면 예술의 깊이가 다르게 느껴진다. 우리가
흔히 접하는 화병의 곡선을 만들기까지 얼마만큼의 집
중과 노력이 필요한지, 진정한 도예는 그때부터 시작된
다는 것을 알게 된다.

  예술이라는 미명하에선 육체적 고통이 아무것도 아니

었을까. 언 손을 보듬어 가며 얼음을 깎아 내고 살을 에는 듯한 추위를 견뎌 내며 작품을 만들어 내는 얼음 조각가. 오로지 예술혼을 불태우는 그의 정신세계에 손이 시린 고통 따위는 비집고 들어갈 공간도 없을듯했다. 호텔 뷔페식당에 가면 으레 장식되어 있었던 얼음 조각. 학의 모습, 용이 승천하는 모습, 포효하는 호랑이, 뛰어오르는 말의 모습 등이었다. 그런 예술품을 보고도 무심코 지나쳤던 철없을 때가 있었다. "멋지다."라는 감탄사 하나로 이면에 감추어진 얼음 조각가의 열정과 손 시린 고통, 예술적 경지에 대해서는 생각지 못했던 무신경했던 지난 시간을 떠올려 본다.

몇 년 전 중학교 동창들과 태백산 눈꽃 축제에 갔을 때, 전시된 눈 조각들을 보면서도 작품을 감상하기보다 사진 찍고 찍히기에 여념이 없었던 우리. 마냥 기뻐했던 철없는 즐거움에도 잠시 반성을 구한다.

작품마다 진지함으로 인생을 살아온 진정한 장인들의 모습이 담겨 있다. 빛의 속도로 달려가 그들이 스쳐 간 수십 년의 세월을 렌즈에 담으려 셔터를 누르는 순간,

고요의 옴니버스

시간이 정지되고 지구의 심장 박동 또한 멈췄으리라. 바람마저 침묵하는 공간, 그곳엔 오직 땀과 열정, 그리고 서터 소리만이 허공을 울렸으리라. 나도 친구와 함께 숨을 멈추고 장인의 시간 속으로 달려간다. 여름 어느 날, 강원도립예술단 공연을 보기 위해 친구들과 문화예술회관을 찾았다. 어릴 적 고전 무용으로 단련돼 있어 무용을 보는 데는 일가견이 있다고 자부했다. 부채춤, 살풀이, 장구춤, 농악, 군무, 칼춤 조금씩은 다 배웠던 경험이 있었고 여러 차례 공연과 대회에서도 수상을 해 봤던 나는 친구에게 '라떼'를 들먹이며 공연을 보러 갔다.

첫 무대에서부터 내 동공은 흔들리고 있었다. 한복을 입고 춤을 춘다고 다 같은 고전 무용은 아니었다. 우리가 배웠던 춤사위와 장고, 북, 부채춤은 이미 먼 나라 얘기가 되었다. 일본의 분위기가 느껴지는 복장에 살짝 거부감이 있었지만 이내 나는 아름다운 선율에 이끌리고 그들의 매혹적인 동작에 내 혼과 마음을 잠시 빼앗겼다. 그들의 춤사위를 담기 위해 나의 핸드폰은 분주히 움직였다.

하늘에서 사뿐히 두루미가 내려왔고 하얀 날개를 펼

치며 사뿐사뿐 걸음을 옮길 때마다 학이 춤을 추고 있
었다. 조명은 끊임없이 그들의 동작을 따르고 머리에 붉
은 화관을 쓴 여왕이 우아한 몸짓으로 인사를 한다. 우
아하게 날개를 펼치며 날다가도 도도히 멈춰 서 있기도
한 그들은 흑과 백, 무채색의 향연을 펼친다. 그녀들의
몸짓으로도 무대는 신선이 노니는 것 같다.

정선 여인네들이 줄지어 앉아 곤드레나물을 캔다. 경
쾌한 동작으로 힘든 노동을 즐거움으로 승화시킨다. 농
사에 지친 모습이 아니라 만면에 웃음꽃을 피우며 살아
가는 행복한 산골 여인네들, 노동이 아니라 더불어 살아
가는 즐거운 인생임을 회화적으로 표현했다.

하얀 깨끼저고리와 항아리 모양의 치마를 입은 여인
들이 조명을 받으며 가볍게 음률에 맞춰 춤을 춘다. 혹
시라도 깨어질까 두려운 백자 항아리는 조심조심 고요
한 춤사위를 펼친다. 화려한 달빛에 빛나는 백자, 아름
다우면서도 화려한 그녀들의 몸짓, 손짓이 예술이었다.

이외에도 '영월의 사육신', 단종을 지키려 충절을 맹세
한 그들의 몸짓과 태백 광부들의 인생을 그린 '검은 호
흡'. 광부들의 거친 숨소리가 음향 효과를 더하고 매일매

고요의 옴니버스

일 죽음과 만나는 그들의 처절한 삶과 괴로움을 몸짓으로 보여 준다.

원주 한지를 소재로 한 '천년지설', '허초희의 넋' 등 작품마다 강원도 각 지역의 특색을 살려 구사하는 춤사위가 관객에게 의미 있게 전달되었다. 음악과 빛과 테마가 있는 무용, 고전 무용에 대해 알고 있었던 고루한 내 지식과 생각을 한 번에 전환시켜 준 도립무용단의 공연은 말 그대로 예술이었다.

공연이 끝나고 안무를 담당하신 분들과 잠깐 인사 나눌 기회가 있었다. 훌륭한 공연에 찬사를 아끼지 않으며 전통적인 특색은 잃지 않았으면 좋겠다는 생각을 전했다. 현대에서 고전 무용이 살아남는 방법이고 글로벌화되는 과정이라고 그분은 말씀하셨지만 한국의 뿌리가 흔들리지 않고 글로벌화하는 방법을 모색해야 한다고 무색한 말을 덧붙이고 싶었다.

많은 사람이 택하지 않은 길을 찾아 장인들은 길을 만들고 그 위에 꽃씨를 뿌려 꽃을 피운다. 그러면 그 길은 꽃길이 된다. 그 속에 담긴 인고의 세월, 뼈를 깎아 내는 그들의 오랜 경험과 시간이 그들을 장인으로 우뚝 서게 하며 예술인으로 거듭나게 하는 것이다. 장인의 꿈은 그런 자들만이 이루어 낼 수 있는 것이다. 수십 년의 세월 동안 물레를 돌리며, 도자기를 빚고, 조각에 심취하며, 마음속 갈등과 고뇌를 무용으로 승화시키고 그 순간의 포착을 위해 온밤을 지새우며 지켜낸 장인 정신과 그들이 빚어내는 예술, 그들을 담아내기 위해, 그들처럼 살기 위해, 나도 호흡을 고른다.

바느질하는 남자

소파에 앉아 바느질감을 펼쳐 든다. 140여 년 전 창문 앞에 앉아 옅은 빛에 의지해 오로지 바느질에 정성을 다하는 애달픈 여인, 빈센트 반 고흐의 「바느질하는 여인」을 떠올리며 바느질을 시작한다.

남편의 등산 장갑 손가락 부분이 곧잘 실밥이 터지곤 하는 것이다. 하긴 하루가 멀다 하고 아침마다 산에 오르는 주인의 열정을 따라갈 수가 없었을 것이다. 꿰매고 또 꿰맨 것이 몇 번째인가 생각하니 절로 한숨이 나왔다. 가지고 있는 등산 장갑이 열 켤레도 넘건만 유독 그 장갑에 애착을 가지는 이유를 물어보지만, 남편의 대답은 지나치게 단순명료하다. 친하게 지내는 등산 친구에게 선물로 받았거나, 등산하는 친구인 여인에게 선물로 받아서 애착을 가지는가 싶었는데 그게 아니었다.

"아주 편하고 꼈을 때 느낌이 좋아서?"

버리고 똑같은 브랜드로 새로 장만하라고 했지만, 남편은 '익숙한 것과의 결별'이 싫어서인지 쉽게 포기를 하지 않는다. 새 등산화가 있어도, 새 장갑이 있어도, 낡은 것을 버리지 못하고 간직하고 있는 남편에게 자신의 물건에 대한 집착을 버리라고 핀잔을 주어도 고쳐지지 않는다.

바느질하는 동안에는 그 행위에 집중해서인지 잡생각이 들지 않는다. 그래서 옛날 여인들은 오지 않는 남편을 기다리며 밤늦도록 바느질하거나 길쌈을 하거나 자수를 놓거나 하며 시간을 보내기도 했나 보다. 재봉틀이 들어오며 기성복의 시대로 바뀌자, 생계를 목적으로 하는 의류, 이불 등을 만드는 여인들의 바느질이 홈패션으로 바뀌어 스킬이나 구정 뜨개질로 쿠션, 벽걸이, 커튼, 테이블보 같은 것을 만들기 시작했다. 한때 뜨개질이 유행해 스웨터나 조끼, 목도리를 만드는 사람도 많았지만, 그것마저도 시들해지고 퀼트 같은 것으로 관심이 쏠렸다. 퀼트로 만든 모자, 가방, 필통, 열쇠고리 등을 형님께 선물로 받을 때마다 그 실력과 집중력에 감탄해 마지않는다. 어떤 이는 퀼트 이불을 만드는 데 집중을 하다 보면 새벽 두세 시까지 넘기는 게 다반사이지만 바느질하는 그 순간이 행복하다고 했다.

어릴 적 이불을 만들던 엄마가 생각났다. 솜을 틀어 방에 쫙 펼쳐 놓고 속 천을 덧대어 형태를 만들고 예쁜 천으로 이불 홑청을 꿰매는 모습을 가끔 본 적이 있었는데, 내가 직접 바느질하는 지금에야 오롯이 엄마의 마음을 느낄 수 있었다. 엄마는 손재주가 뛰어나 우리 옷을 고쳐 주기도 하고 뜨개질로 스웨터도 만들어 주고 가방, 양말도 예쁘게 잘 꿰매어 주셨다. 나는 엄마의 유전자를 물려받지 못했음인지 바느질 솜씨가 없어서 학교 가정 시간에 바느질 연습을 해도 비뚤비뚤 손이 굼뜨고 느지막하게 겨우 제출했다. 결혼하기 전까지 바느질이라곤 일절 해 본 적도 없고 관심조차 없었다. 어쩌면 여성으로서의 역할을 애써 부정하고 싶었던 마음이었는지도 모른다.

 과거처럼 바느질을 잘하는 것도 현모양처의 덕목이었다고 한다면 나는 자격 미달이었던 셈이다. 남편의 등산복과 장갑을 꿰매 주며 뒤늦게 현모양처의 덕목을 몸소 실천하고 있는 셈이다. 동서양을 막론하고 바느질은 의생활을 해결하는 데 없어서는 안 될 중요한 요소였다. 그래서인지 바느질하는 여인을 그린 그림이 꽤 많이 있다. 밀레, 르누아르, 빈센트 반 고흐, 디에고 벨라스케스, 메리 카사트, 리처드 밀러, 칼 라르손 등 바느질을 소재로 한 훌륭한 화가들의 명화가 꽤 많이 있었다. 소녀가 바느질하는 모습, 엄마가 바느질하고 아이가 곁에서 쳐다보는 모습, 나무 아래에서 바느질을 하고 있는 소녀들, 참 아름다운 그림들이었다.

 결혼하고 처음으로 열심히 바느질한 것은 큰아이가 다섯 살 때의 일이었다. 바쁘게 지내다 보니 크리스마스 이브가 하루 앞으로 다가온 것을 생각하지 못했다. 유치원에서 애들한테 줄 산타 선물을 포장해 보내라고 했는데 깜빡했던 것이다. 대형 마트도 문을 닫은 시간, 아이를 재우고 난 뒤 얼마 전 만들기를 하고 남은 여러 색상

고요의 옴니버스

의 부직포를 펼쳐 보았다. 황금색 실과 솜을 모아 인형을 만들기로 했다. 인형의 본을 떠서 앞뒷면을 황금색 실로 엮었다. 사이에는 솜으로 채워 빵빵하게 만들고 그 위에 다른 색으로 원피스 모양을 만들어 입히고 단추를 달았다. 머리 모양으로 길게 잘라 앞뒤로 붙이고 눈, 코, 입을 그리고 머리에 리본도 오려 붙였다. 그리고 작은 가방을 만들어 어깨에 걸고 발에는 뾰족구두 모양을 오려 붙였다. 그럴싸한 인형이 완성되자 벌써 새벽이 다가오고 있었다. 다른 친구들이 모두 받는 선물을 우리 아이만 받지 못한다면 맘이 얼마나 아플까 하는 생각에 피곤한지도 몰랐다.

선물 포장을 해 딸아이의 맘에 들지 어떨지 걱정하며 유치원에 보냈다.

"엄마! 오늘 산타 할아버지가 나한테 인형을 주셨어, 너무 좋아!"

집에 돌아온 아이의 얼굴을 보니 피곤도 근심도 다 날아가 버리는 듯했다. 자나 깨나 인형을 품에 안고 산타 할아버지의 선물이라며 그렇게 좋아하는 아이를 보며 하얀 거짓말의 원죄는 누구에게 있는가 자문해 보았다.

그 후에도 그 인형을 여전히 좋아했었지만, 하얀 거짓말은 그리 오래가지 않았다. 아이가 초등학교 2학년쯤 되었을 때 질문을 하기 시작했다.

"그 인형, 엄마가 만든 거지? 진짜 산타 할아버지는 없잖아?"

아이의 질문을 회피하던 나는 그만 웃고 말았다.

"그럴 줄 알았어! 그래도 나는 이 인형이 좋아."

어쨌든 나의 첫 바느질은 비교적 성공적으로 끝났다. 그 후부터 자신이 붙은 나는 천을 떠서 소파도 씌우고 테이블보에 레이스를 달아 보기도 하고, 청원피스를 투박한 앞치마로 바꿔보기도 하며 이것저것 조물거렸다.

하루도 빠지지 않고 등산을 하는 남편의 등산용품은 손이 가지 않는 것이 없었다. 실밥 뜯어진 장갑, 옆구리가 살짝 터져 버린 상의, 배낭의 어깨끈, 자꾸 떨어지는 등산용 스패츠, 조금씩 조금씩 손이 간다. 내구성이 약한 것인지, 등산 횟수가 과한 것인지 단언할 수 없으나 두 가지 다 원인인 것 같기도 하다. 바느질하는 나도 슬슬 짜증이 나기 시작했다. 새 것을 쓰면 되겠구먼

고요의 옴니버스

싶은 것이다. 어떤 때엔 한 소리 들을까 봐 나 몰래 얼른 바느질해서 산행을 가기도 하는 것 같았으나 모른 척했었다.

어느 날 택배가 도착해 있어 열어 보니 바느질 세트였다. 가죽도 기울 수 있는 곡침과 튼튼한 실이 있었고 다양한 크기의 바늘과 아기 돌 반지 같은 골무도 있었다. 이게 뭐지? 남편은 사소한 물건을 주문할 때 내 이름을 무단으로 사용해 생각지도 못한 물건들이 하루에도 몇 개씩 도착하기도 하는 것이다. 남편이 두꺼운 스패츠나 배낭의 어깨끈 같은 것을 깁기 위해 튼튼한 바느질 세트를 주문했다. 본인이 다 할 테니까 걱정하지 말라는 것이다. 그때부터 남편은 바느질하는 남자가 되었다. 비 오는 날이나 눈이 오는 날에도 등산을 하다 보니 워낙 스패츠를 많이 쓰게 되고 자꾸 떨어지는 스패츠를 틈틈이 꿰매어 가며 번갈아 사용하고 있는 것이다. 가끔 남편의 바느질이 안쓰럽게 여겨지기도 하지만 자신의 취미에 진심을 다하는 그 열정이 부럽기도 하다.

좋아하는 일을 마음껏 할 수 있다는 건 행복한 일이다. 더욱이 그 취미가 건강할 때는 모든 이들에게도 부러움의 대상이다. 그만큼 건강한 육체가 뒤받쳐 주기 때문이다. 이젠 산행을 가면 늘 선두에 선다는 그가 은근히 자랑스럽기도 하다. 남편은 도전을 멈추지 않는다. 50킬로미터 산악 마라톤을 성공적으로 마치더니 작년에는 100킬로미터 산악 마라톤에 도전했다. 밤샘하고 기다린 끝에 기진맥진해 겨우 결승선에 들어오는 모습을 보며 이젠 그만하라고 했지만, 남편은 대답이 없었다. 내년에 또 도전하리란 걸 안다. 그 누구도 그의 고집을 꺾을 수가 없기 때문이다.

좋아하는 일을 계속하기 위해 바느질까지 마다하지 않는 남편의 열정이 가상하긴 하지만 산행을 떠날 때마다 늘 염려가 되는 건 사실이다. 나의 바느질은 남편의 바느질이 되어 어느 날 그 모습을 보고 내가 '바느질하는 남자'라는 별명을 붙여 서로 웃곤 한다. 부부란 서로의 아픈 곳을 어루만져 주고 마음의 상처를 꿰매 주는 것이다. 내가 바느질 할 때는 남편이 바라보고, 남편이 바느질할 때는 내가 살펴보곤 한다.

바느질하는 여자와 남자는 그렇게 하루를, 한 주를, 아니 평생을 서로 헤집기도 하고 꿰매 주기도 하며 살아가고 있는 것이다. 매일 같이 매고 다녀서 어깨 쪽이 간당당한 작은 배낭의 어깨끈을 꿰매어 주었다.

"오호, 좋네! 땡큐!"

그는 즐겁게 산행을 나선다. 그의 즐거워하는 모습을 보며 '소확행'의 의미를 다시 되새긴다. 서로를 꿰매어 주는 것에, 작은 칭찬에, 엄마가 만든 초라한 인형에도 행복해하는 딸, 바짓단을 꿰매어 주는 것에도 만족을 느끼는 아들, 사소한 것에서 오는 만족들이 훗날 큰 행복이 되어 추억될 것이다. 가족에게 기쁨을 줄 수 있다면 바느질하는 여인이어도, 바느질하는 남자여도 좋은 일이다. 그것이 가족이니까.

그리고 우리

손 Hand

✦

　그의 손은 온통 못투성이다. 불거진 뼈 마디마디에 옹이처럼 박인 못은 흙과 함께 해 온 그의 평생을 보여 주는 듯하다. 검게 탄 피부에 깊게 파인 주름, 꿈틀거리며 뱀처럼 기어가는 푸른 핏줄들, 손톱엔 검은 테두리가 둘려 있고 한 마디가 사라진 검지였지만 그의 손은 부드럽게 소의 얼굴을 감싸고 있다. 쟁기질에 지쳐 있는 늙은 황소를 그의 손이 어루만져 주고 있다. 노동으로 얼룩진 농부의 삶은 거짓이 없다. 하늘의 순리에 따르며 세상을 정직하게 살아온 그의 삶을, 그의 얘기를 손이 대변해 주고 있다. 그의 손톱은 살아온 세월만큼 닳아 있고 군

살 없이 앙상한 손가락은 그의 근면한 시간을 거짓 없이 드러내고 있다.

"손은 얼굴보다 정직하다."라고 『손에 관한 명상』이라는 사진집에서 사진작가 전민조는 말한다. 손에 대한 사진들은 무수한 삶을 겪어 내었고, 한 사람의 인생을 책임지며 선봉장이 되어야 했던 손에 대해 생각하게끔 한다.

그동안 나는 내 손의 생김새 말고는 생각이나 해 본 적 있었을까 싶었다. 늘씬하게 잘빠진 손을 보면 작고 짜리몽땅한 내 손이 볼품없기 짝이 없었다. 두꺼운 손과 거친 손바닥, 손가락은 짧고 엄지손가락은 엄마를 닮아 뱀 대가리 형상을 하고 있어 누가 내 손을 잡을까 두려워한 적도 있었다. 고등학교 때 무심코 내손을 잡아보던 아버지가 "니 손가락이 왜 이리 생겼노? 나는 안 그런데 엄마 손을 닮았나?" 하고 엄마 손을 보다가 "아이고, 속았네." 하서서 가족들이 모두 웃은 적이 있었다. 그때 가족들 손을 유심히 본 결과 둘째 언니와 나만 엄마 손을 쏙 빼닮아 있었다. 그 손가락은 일종의 콤플렉스로

고요의 옴니버스

자리 잡았지만 어떤 분은 재주가 많은 손이라고도 하고
혹 어떤 이는 잘사는 손이라고도 해 위로를 받기도 했지
만, 그저 위로의 말에 지나지 않는다는 걸 커서야 알게
되었다.

　일본에 있을 때 많은 도움을 주신 학교의 이사장님이
괜찮은 남편감을 선택하는 방법을 제시하셨는데 손이
예쁘장하게 생긴 남자를 멀리하고 손바닥이 두껍고 투
박한 손을 가진 남자를 선택하라고 하셨다. 손바닥이
두꺼운 남자는 책임감이 강해 부지런하고 여자를 절대
고생시키지 않는다고 하시며 내 손 모양도 잘생겼다고
하셨다. 손바닥에 새겨진 손금을 읽어 운세를 보는 방법
도 있지만 단순하게 손의 모양만으로도 인생을 보여 주
기도 하는 것일까, 예를 들어 손가락이 가늘고 긴 사람
은 예술가 타입이라 힘든 일을 못 한다거나 손이 두꺼운
사람은 일복이 많다거나 하는 그런 말들은 국적을 불문
하는가보다. 이사장님도 사람들을 많이 고용하고 직접
부딪혀 본 경험에서 나온 말씀이 아니었을까 한다.

　어쨌든 그 기억으로 내 결혼을 결정한 것이었는지 확
실치는 않으나 내 손을 잡고 긴장해 손에 땀이 흥건해진

그의 순진무구함을 존중한 것임엔 분명하다.

　손이 없다고 가정한다면 인간의 삶은 어떠했을까. 네 발로 기어다니는 동물과 다름이 없고 인간이라 칭하지도 못했으리라. 호모파베르Homo Faber. 공작인工作人. 인간의 본질은 물건을 만들고 이것을 만드는 데 도구를 사용하는 것이라고 보는 견해인데 앙리 루이 베르그송이 처음 사용했다. 인간이 직립 보행을 함으로써 손을 사용하고 도구를 이용하게 되며 자신의 존재가치와 환경까지 변화시켰다. 손을 이용해 문명을 만들며 포옹을 통해 감정이라는 걸 공유하게 되었다.
　예술가들은 일찍이 손의 중요성과 예술성을 남달리 인정하게 되었던 것일까. 미켈란젤로의 「아담의 창조」에서 처음 창조된 남자에게 하나님이 손가락으로 그의 손을 터치해 생명을 불어넣는 시스코 성당의 천장화는 누구나 한 번쯤 본 적이 있을 것이다. 창조주의 손가락이 인간 세계의 새로운 장을 여는 아름다운 그림이다. 이때 손가락은 모든 생명의 기원이며 역사의 창조를 의미하기도 한다. 「생각하는 사람」으로 우리에게 잘 알려진 프랑스의 조각가 오귀스트 로댕은 「대성당」을 조각했지만 엄숙하고 웅장한 대성당의 모습이 아니라 두 사람의 손과 손이 닿은 듯하지만 완전히 닿지 않은 채 마주하고 그 사이로 빛이 신의 손길처럼 비추어지는 조각상이다. 서로의 아픔을 어루만지기 위해 맞닿은 손, 손과 손이 마주할 때 비로소 신神의 메시지가 전해질 수 있음인가, 알브레히트 뒤러의 「기도하는 손」은 형이 훌륭한 화가가 되기를 눈물 흘리며 간절히 기도하는 동생의 손을 그렸다고 한다.

라이너 마리아 릴케는 '누군가를 향해 내민 손은 더 이상 자신의 출신지인 육체에 속하지 않는다.' 즉 영적인 몸짓이라는 의미다. 손은 자신을 위한 도구로 쓰이기도 하지만 때론 타인의 손을 잡아 위로해 주기도 하고 어려울 때 도와주기도 하는 희망의 메시지였다. 그것이 예술 작품으로, 글로, 음악으로 승화하기도 하고 때론 빵을 건네주는 사랑의 손길이 되기도 하며, 한 잔의 포도주를 나누어 주는 신의 은총이 되기도 하는 것이다.

예수님은 왼손이 하는 일을 오른손이 모르게 하라고 말씀하셨다지만 내 손은 가끔 나도 모르게 재빨리 움직일 때가 있다. 내가 가진 물건을 상대방에게 드리기가 아까워 고민하다 보면 손은 어느새 그분에게 물건을 드리곤 하니 참으로 불가사의한 일이다. 주인인 나를 믿지 못하는 것인지 가끔 손은 나를 떠나 독자적으로 행동하기도 하는가 보다. 기쁜 일이 있을 때나 슬픈 일이 있을 때 혹은 반가움의 표시로 악수를 하고 손을 통해 감정을 나눈다. 장례식장에 가면 고인을 보내고 슬퍼하는 유족의 손을 지긋이 잡아 준다. 그 외에 무슨 위로의 말이 필요하겠는가.

내게 손이라는 것의 의미와 존재감이 크게 다가오기 시작한 건 몇 개월 전의 일이다. 늙고 볼품없는 내 손에 큰 시련이 닥쳤다. 급하게 아침을 준비하다가 생선을 튀기고 있던 펄펄 끓는 기름이 내 손으로 튄 것이다. 엄지, 검지, 중지에 걸쳐 세 개의 손가락에 큰 화상을 입었다. 통증과 쓰라림으로 온 이틀을 정신을 차릴 수가 없었다. 온종일 냉찜질로 쓰라림을 달래며 밤에도 냉각제로 감싸야 잠을 청할 수 있었다. 화상연고를 바르고 거즈로 상처를 보호하고 장갑을 끼고 며칠이 지나서야 겨우 통증이 완화되었다. 물집이 얼마나 큰지 커다란 호박 보석이 박힌 반지를 장만했다고 친구들에게 농담하며 씁쓸하게 웃었다. 아침저녁으로 치료하며 온갖 정성을 기울인 탓에 2개월 후 내 손의 모습은 점차 정상으로 돌아왔다. 흉터가 크게 남지 않아 얼마나 안도했는지 모른다. 그동안 홀대받았던 내 손이 제대로 대접받고 싶었던지 나에게 한 방의 강타를 날린 셈이다.

50여 편의 사진이 수록된 사진첩엔 흙투성이 농부의 손. 로프를 꽉 잡은 산악인의 손. 고사리 같은 아이들의 손에 상처가 난 아빠의 손이 포개어진 가족의 손, 자유를 갈망하며 쇠창살을 굳게 잡은 손, 애틋한 사랑으로 손을 꽉 잡은 연인, 연필로 기사를 쓰는 기자의 열정적인 손, 차분하게 점자책을 읽고 있는 시각 장애인의 손, 가야금을 연주하는 예인의 손, 한 땀 한 땀, 혼을 담아 바느질하는 인간문화재 이매방 선생의 손, 수갑을 차고 있는 범죄자의 손, 장기를 두며 말년의 여유를 즐기는 노인의 손, 간절히 기도하는 수녀님의 손, 일제히 합장하며 기도를 올리는 보살님들의 손. 그물을 잡은 어부의 손,

우리가 무심히 지나쳐 왔던 그 무수한 손들을 다시 바라보며 내가 살아온 길을 그려 본다. 비록 손이 없어도 두 팔만으로 우뚝하게 살아온 해맑은 소년, 커다란 아빠의 손바닥에 얹혀 있는 천사 같은 아기의 손, 이 손들을 찍기 위해, 그들의 얘기를 담아내기 위해 부지런히 셔터를 눌렀을 작가의 보이지 않는 손, 그동안의 노고를 알면서도 그게 당연한 것인 줄 살아왔던 무심한 주인에게 손은 할 말이 없었을까. 자신의 이익을 위해 쓸 때보다 남을 위해 쓰일 때가 더 보람이 있었노라고 위로할 때도 있었으리라.

사람의 목숨을 살리는 의료인들의 손이 있는가 하면 사람을 죽이는 살인자의 손도 있다. 누군가 힘들어할 때 내미는 자비로운 손도 있지만 가끔 폭력과 원망의 흉기로 쓰이는 것도 손이다. 몇 안 되는 권력자들과 통치자들의 아집과 욕심으로 버튼을 눌러 손가락 하나로도 인류를 멸망시킬 수도 있는 손을 우리는 가장 두려워해야 한다. 너무 힘들고 지쳐 있는 누군가에게 간혹 내 손길이 힘이 되어 줄지도 모르고, 나 또한 누구의 손을 잡아야 할 때도 있겠지만 잡은 그 손이 진실로 깨끗하기를,

부디 거짓 없고 불의와 타협하지 않는 순수한 손길이기를 바라며 지금껏 잘 버텨 준 내 손을 애처롭게 바라본다. 가슴 후미진 곳에 또 하나의 거스러미가 인다.

고요의 옴니버스

✦

1. 무거운 고요

지극히도 고요한 아침. 서른세 번째 맞이하는 결혼기념일이다.

휴일임에도 불구하고 세상은 어찌 이리 고요한지 마치 시간이 정지된 것 같다. 바람 소리, 자동차 소리, 새소리, 아이들의 웃음소리도 모두 어디론가 잠적해 버린 하루, 창문을 열어 보았다. 지나가는 바람의 끝자락이라도 잡아 보려 손을 내밀었지만, 앞산의 나뭇가지는 미동도 않는다. 새들은 어디로 갔을까, 무엇이 그들의 날개를 부여잡고 있는 것일까, 어딘가에 숨죽이며 자취를 감추고 있을 소요의 실체를 찾아 텔레비전을 켠다. 이런 유형의 고요함 뒤엔 어마어마한 뉴스가 뒤따라오기도 한다.

2년 전 이태원 참사를 맞은 날도 그러했었다. 결혼기념일이 되어 여행을 떠난 남편과 나는 바닷가 호텔에 묵고 있었다. 간간이 젊은이들이 쏘아 올린 폭죽의 조명 뒤로 어둡고 습한 기운이 모래사장 위로 무겁게 내리는 밤이었다. 새벽 바다는 물결이 구름 속에 잠겨 이상하리만치 고요한 회색빛 여명이라는 생각을 했었다. 아침이 되어 텔레비전을 켜자 구급차 불빛과 들것에 실려 가는 부상자들, 그 곁에서 부둥켜안고 오열하는 유가족들이 화면을 가득 채웠다. 사상자 수는 급격하게 늘어나며 우리가 상상조차 할 수 없었던 큰일이 터진 것이었다. 설레는 마음으로 이태원에 놀러 갔다가 참변을 당한 2년 전 아이들의 그날처럼 불안한 마음에 뉴스를 켰다. 이스라엘군이 이란에 폭격을 가했다는 소식과 북한군이 러시아 용병으로 우크라이나에 파병되었다는 소식이었고 다행히 끔찍한 뉴스는 없었다.

각국의 지도자들은 전쟁에 혈안이 되어 미쳐 가고, 안타깝게도 민간인들과 군인들의 목숨은 추풍낙엽이 되어 떨어져 가고 있다. 한 사람의 죽음으로 가족의 슬픔은 몇 배가 되고 그 슬픔은 돌이킬 수 없는 한으로 남는다. 얼마나 많은 사람들이 죽어야만 종교를 가장한 그들의 맹목적 살상에 종지부를 찍을 것인가. '정의'와 '의리'라는 위선으로 도배한 지도자의 권력욕과 탐욕스러움은 언제쯤 끝을 맞이할 것인가. 무능한 보통 사람인 나는 뉴스를 보며 한숨만 내쉴 뿐이다. 이태원 참사도 두 해가 되어 간다. 뭇사람들에게 잊혀 갈 때가 되었건만 아무도 위로해 주지 못한, 누구에게도 위로받지 못한 유가족들의 눈물과 한숨은 더욱 깊어져 갔다. 보듬어 주지 못한 그들의 슬픔은 세상에 대한 원망과 사랑하는 이를 지켜 주지 못한 자신의 참회로 얼룩져 보라색 물결을 이루며 삼보일배 하고 있다.

머칠째 강풍 주의보를 띄우며 불어 대던 바람도 그들의 흐느낌을 듣고 있는 것일까. 요즈음의 센바람에 익숙해진 나는 지나치게 숙연한 오늘의 적막이 두려워진다. 마치 억누르고 있는 그리움의 물결인 것만 같고, 잠들어

고요의 옴니버스

있는 159명 영혼의 원망이 덩어리 되어 가만히 세상을 누르고 있는 것 같기 때문이다

2. 지독한 고요

백두대간 100회째 산행을 맞는 남편을 보내며 결혼기념일에 대한 기대는 애초에 접었다. 다만, 특별한 날의 고독을 더 깊이 음미하기 위해, 지극한 고요함의 실체를 확인하기 위해 주섬주섬 등산복을 찾아 입고 집을 나섰다. 새들은 어디에서 무엇을 할까? 놀이터에 아이들은 놀고 있을까? 영화 〈콰이어트 플레이스〉처럼 소리가 죽음을 부르는 세상이 되어 수어로 얘기를 나누고 있을까 하는 상상을 하며 엘리베이터를 타고 지상으로 내려간다. 놀이터에도, 주변에도, 사람들이 보이지 않는다. 아파트 모퉁이를 돌자, 사람이 지나간다. 다행히도 생명체가 있다. 개미가 부지런히 줄지어 기어가고, 교회에 다녀오는지 정장 차림의 몇몇 사람들이 바삐 지나간다. 시간

의 흐름은 계속되고 지구도 돌아가고 있음이다. 차에 시동을 걸고 시간을 체크한다. 벌써 오후 두 시 반, 목적지는 정해져 있지만, 막상 혼자서 산을 오르려니 잠시 갈등이 인다. 혼자서 잘 다녀올 수 있을지 불안이 살짝 붙들지만 "할 수 있어." 하고 자신을 다독인다.

나는 늘 누구에겐가 의지하며 살아왔다. 혼자서 씩씩한 척 뭔가를 시작하지만 결국 남편이 도와주거나 아이들이 도와주었고 때론 언니들, 친구들의 도움이 있었다. 산행도 혼자서 떠난 적이 거의 없었다. 남편이 함께하거나 딸이 같이 오거나 아들이 함께해 든든하게 산행을 마칠 수 있었었다. 지금은 여름과 달리 빨리 해가 떨어지는 계절이고 산속의 어둠은 재빨리 찾아오는 법이다. 산에 올랐다가 내려오는 시간은 빨라도 5시 반, 어제 시골 밤나무밭에 갔다가 나오는 시간이 6시였는데 사방이 깜깜해 앞이 보이지 않았다. 어둠에 싸인 농막과 밤나무 숲이 나를 놓아주지 않을 것만 같아 불빛으로 사방을 비추며 어둠을 헤쳐 나왔었다. 오늘도 어제처럼 두려운 길이 예상되며 더욱이 홀로 이겨 내야 한다. 그럼에도 이 가을이 끝나기 전 가을 산을 한 번이라도 보고 와야

고요의 옴니버스

자연에 대한 예의가 아니던가.

주차장에 도착하니 과연 한국의 100대 명산 중의 하나여서인지 사람들로 가득 차 있었다. 이미 가을 산을 보고 내려와서 막걸리를 한잔 걸치고 있는 불그스레한 얼굴들, 단체 산행을 끝내고 지금 막 떠나는 버스 행렬로 무릉계곡 초입 길이 북새통이다. 과연 두타산의 명성은 짐작할 만하다.

아무리 시간에 쫓긴다지만 주차장 옆 민화 전시회를 놓칠 순 없었다. 회원의 선생님이 전시회를 연다고 동아리 카톡 방에 올렸던 공지가 생각났다. 민화를 잘 몰랐던 터라 크게 기대하지 않았으나 보지 않았으면 후회할 만큼 훌륭하고 섬세한 작품들이었다. 화성행궁을 그린 작품은 섬세하기 이를 데 없었다. 1년이 걸렸던 작품이라고 작가가 말씀하셨다. 색감도 화려하고 예술적인 감각으로 디테일하게 묘사한 작품들을 보며 문득 민화를 배우고 싶다는 생각이 들었다. 회원분 얘기를 하니 선물로 민화 탁상 달력을 주셨다. 마음속 가득 차 있던 고독을 민화의 화려한 색감으로 채색한 기분이었다.

삼삼오오 떼를 지어 즐겁게 담소를 나누며 지나가는

모습을 보며 군중 속의 고독은 아주 쓴 에스프레소 한 잔을 들이킨 것과 같다는 생각을 했다. 입안에 넣었을 때의 쓴 느낌을 음미하며 걷다 보니 앞쪽 행렬에서 익숙한 목소리가 들려온다. 오랫동안 알고 지냈던 친동생 같은 이웃이다.

"언니 여긴 웬일이야? 진짜 오래간만이다. 혼자 왔어?"

"응, 결혼기념일이라 집에 있긴 뭣하고 혼자서 가을 산을 보러 왔어."

어이없다는 듯 놀란 표정을 짓는 동생과 잠깐의 환담을 나누었다. 언제 봐도 친근하고 푸근한 느낌을 주는 동생이다. 남편과 알콩달콩 참 잘 살고 있었다. 서울에서 친구들이 와서 점심을 먹고 소화할 겸 잠깐 폭포 쪽으로 올라간다고 했다. 용추폭포, 쌍폭포는 어디에 내놔도 손색이 없는 절경이라 같이 가 보고 싶었지만, 나의 걸음은 이미 큰길에서 관음암으로 접어들고 있다.

3. 나를 돌아보게 하는 고요

관음암은 삼화사에 딸린 암자로 해발 약 450미터 정도의 높이에 있다. 오르기가 힘들어 자주 갈 수는 없지만, 경내의 경치가 소박하고 안정감을 준다. 아담한 암자가 주는 푸근함으로 내 마음이 차분해져 그 매력에 가끔 오른다. 이정표에서부터 가팔라지는 산등성이를 보고 있자니 오래도록 등산하지 못한 내 체력이 버텨 줄 것인지 심히 의문스럽다. 하산할 무렵이면 숲이 어둑해질 텐데 이 길을 혼자 내려와야 한다는 걱정에 잠시 걸음이 무거워진다. 등산 스틱은 고사하고 랜턴도 챙겨 오지 않은 안일함이 한심스럽기 그지없다. 최대한 빨리 다녀와야겠다고 다짐하며 오르막길을 오른다. 가을이 깊었다곤 하지만 산을 오르다 보니 금방 더워져 겉옷을 벗어 허리춤에 동여매고 간헐적으로 목을 축이며 천천히 거북이처럼 오른다. 내려오는 사람들과 인사를 나누곤 하지만 내가 내려올 때쯤엔 사람 구경도 못 하리란 걸 안다.

아래 삼화사 입구에서부터 40분쯤을 걸어 올라오면

널찍해서 쉴 만한 바위가 있다. 그곳에 서면 무릉계곡의 깊게 팬 계곡의 능선이 다 보인다. 산세와 계곡의 깊음이 가히 두타산의 위세를 가늠케 한다. 평소에는 까마득한 아래에서 사람의 소리도 들려오건만 오늘은 무진장 고요하기만 하다. 내 발소리만 둔탁하게 골짜기를 울리고 새소리와 바람의 그림자도 일렁이지 않는 숲속의 거대한 고요 속으로 걸어 들어가고 있다.

숨을 내쉬고 들이쉬는 소리가 점차 거칠어진다. 이 숲속에서 살아 있는 건 발소리와 거친 호흡 소리뿐, 생각을 포기한 지친 육신만이 산속으로 걸어 들어가고 있다. 물소리가 들려온다. 저 모퉁이를 돌아가면 내가 좋아하는 폭포가 있다. 산꼭대기에서 저 아래 계곡까지 수백 미터를 거의 직선으로 내닫고 있는 이 폭포를 나는 '한길폭포'라 부른다. 비 온 뒤에는 그야말로 물줄기가 장관을 이룬다. 속이 뻥 뚫리는 것 같은 시원함. 그것이야말로 폭포의 매력이다.

지난달에 캐나다에서 나이아가라폭포를 보고 온 언니는 죽기 전에 나에게 꼭 가 보라고 했다. 나의 버킷리스트에 적어야겠다. 이 폭포의 모습을 언니에게도 보여 주

고요의 옴니버스

고 싶다. 나이아가라폭포에 비할 바 아니겠지만 어마어
마한 높이에서 끝없이 이어지는 생명력을 보면 가늘어
도 지치지 않는 존재감의 매력을 느낄 수도 있지 않을
까. 삶이 무료하다고 여겨질 때 땀 흘리며 올라와 한길
폭포를 봤을 때의 상쾌함. 끈질긴 생동감에 그나마 위로
받는 동생의 감정을 조금이나마 공감할 수 있지 않을까
싶었다.

불규칙한 철 계단과 가파른 난간을 잡고 오르면 마지
막 휴식 바위가 있다. 다리가 점점 무거워지고 한 걸음
을 떼기도 힘들어진다. 산의 능선 위로 빛이 펼쳐지는
길의 끝이 보이건만 왜 이리도 내 몸은 더디 움직이는
것인가. 몇 해 전에도 힘들게 이 길을 오르다 보니 빛이
비치는 산마루에서 스님이 손짓하셨다.

"어서 오세요. 관세음보살님이 기다리고 계셔요. 조금
만 힘내세요."

스님의 말씀이 힘이 되어 가파른 길을 한달음에 갈 수
있었다. 저곳까지만 가면 그 다음부턴 내리막길이고 곧
관음암이다. 혼자 속으로 되뇌며 발걸음을 옮긴다.

조용한 절간, 스님도, 부처님도, 관세음보살님도 모두

휴식에 들어간 시간이다. 홀로 우두커니 바위에 앉아 가을 풍경을 보며 커피를 마시고 있다. 며칠 뒤 이장을 앞두고 계신 할아버지, 할머니를 위해 극락왕생을 기원하는 촛불을 올리고 지금은 내 마음을 정돈하는 시간이다. 산의 고요에 내 몸과 마음을 맡기고 무념무상의 세계에 든다. 욕심과 아집을 버리고 자연의 품속에서 내 숨을 고른다. 바람 소리도, 새소리도, 물소리도 없는 진정한 고요에 젖어 들며 잠시 나를 이대로 내려놓고 한 시간쯤 버려 두어도 좋을 만큼 마음이 편안하다.

4. 두려운 고요

아직 하늘에는 빛이 존재하지만, 경내를 벗어나 숲에 들면 곧 어두워질 현실에 이내 마음이 급해진다. 어두워지면 기온도 급격하게 떨어질 것에 대비해 겉옷을 여미고 모자도 눌러쓰고 하산을 시작한다. 오르막보다는 내리막에 자신이 있는 터라 재빨리 발걸음을 놀린다. 혹여

고요의 옴니버스

멧돼지라도 만나면 어떡하나 맘 졸이며 내려오는데 다행스럽게도 사명대사의 지팡이 같은 튼튼한 나무가 바위에 세워져 있다. 누군가의 배려에 깊이 감사드리며 지팡이를 짚고 내려오니 든든함이 이루 말할 수 없다.

점차 어둠이 짙어져 간다. 나무 사이로 아직 빛을 간직한 낮의 정령이 언뜻언뜻 얼굴을 내밀고 그 빛에 의지하며 산에서 내려온다. 한길폭포는 소리만 남긴 채 어둠에 잠겨 있다. 옅은 어둠 속에서 내 발자국 소리와 지팡이 닿는 소리가 허공을 울리고, 비를 예감한 새들은 미리 어딘가에서 몸을 사리고 있는 모양이다. 마른 흙에 신발이 미끄러져 황급히 몸의 중심을 잡았다. 바쁠수록 발걸음 하나에도 집중해야 하는 것이다.

지독한 고독을 맛보기 위해 홀로서기를 감행했지만, 몸 하나도 지탱하지 못하는 무모한 용기에 후회가 밀려온다. 어느 봄날, 딸과 함께 김밥을 펼쳐 놓고 맛있게 먹었던 나지막한 바위 곁을 지난다. 참으로 따뜻한 햇볕이 여유롭게 계곡을 비춰주던 화사한 봄날이었다. 갑자기 사위가 밝아진다. 하늘을 그대로 품에 안은 큰 바위가 마지막 빛을 발해 주변을 밝혀 주고 있다. 이젠 시야가

좁아져 먼 길은 보이지 않고 주변만 겨우 보인다. 발치만 내려다보며 아래로 향하지만 모든 것이 정지된 적막 속에서 나만 허둥대고 있는 느낌이다. 남편과 아이들, 엄마와 형제들, 친구들의 얼굴이 파노라마처럼 지나간다. 어둠에 흡수당하기 전에 이 숲을 벗어나야 한다는 생각뿐이었다. 사람의 말소리가 들리는 곳으로 내 발걸음은 움직이고 있었다. 큰길로 나서니 두런두런 말소리가 낮게 들려온다. 늦게 등산을 마치고 내려오는 몇몇 사람들의 그림자 속에 합류했다. 사람이 있는 세상이 어찌나 반가운지, 말소리가 얼마나 따뜻하게 들려오는지 긴장의 끈을 놓은 다리가 휘청거린다. 어둠 속에서 조용히 데크를 적시며 내리는 빗줄기마저도 반갑다. 오늘 내린 빗줄기가 가슴 아픈 사람들의 마지막 눈물이 되어 내일부터는 청명한 하늘 아래에서 미소 지을 수 있는 날들이 되었으면 하는 바람이다.

나를 감싸고 도는 고요는 나를 위로하기 위함이었지만 또 다른 두려움을 만들어 내는 지독한 고독이었다. 고독한 공간은 잠재된 그리움을 일깨웠고 거대한 고요 속에서 인간의 나약함과 부질함도 알게 되지만 행복과 두려움 모두 자신이 만들어 내는 고요의 파노라마다. 시간의 흐름과 상황에 따라 달라지는 고요의 딜레마에 빠진 하루였다.

우리는 호모비아토르다

여행.

언제 들어도 가슴 설레는 단어다. 일상에서 벗어나 어디론가 떠난다는 생각만으로도 즐겁지만 마음 맞는 이들과 함께 할 때는 더욱 그러하다. 여행을 위해 계획하고 준비하는 과정도 맛깔나는 여행의 애피타이저다. 본격적 여행 일정보다 기획하고 여행 가방을 꾸리는 그 과정이 오히려 더 행복할지도 모른다. 거기엔 여행 후에 다가올 후유증, 피로와 실망감은 없고 오직 여행에 대한 기대감으로 가득 채워져 있기 때문이다.

구체적인 목적지를 정하면 먼저 다녀온 사람들의 후

기, 블로그를 열람하고 가능한 알찬 여행을 위해 치밀한 계획을 세운다. 숙소를 예약하고 이동 수단도 검토하며 각 구성원들의 기호를 고려해 관광 장소도 선택한다. 여행 일정에 맞추어 패션 아이템을 설정하고 신발, 의류, 생필품 등 준비물을 챙기다 보면 여행 전날 밤은 바쁘기 짝이 없다. 그러다 머피의 법칙처럼 집안 어르신이 아프다거나 지인이 암이라던가 하는 나쁜 소식도 들려와 살짝 먹구름을 드리우기도 한다. 혹여 비행기를 놓칠까, 긴장 반 설렘 반으로 밤늦도록 뒤척이다가 잠도 설치기 일쑤다.

  이렇게 시작된 여행이 늘 퍼펙트하게 해피 엔딩으로 끝나지는 않는다. 여행을 통해 새로운 풍경을 접하고 새로운 환경에서 시작한다는 건 경이로운 일이 될 수도 있지만 가끔 관계에서 오는 서운함으로 상처를 입는 경우도 있고 평소 생각지도 못했던 친구의 본성에 적잖이 당황스럽기도 하다. 그것뿐이랴, 입에 맞지 않는 음식 또는 새롭게 맛보는 지역 음식의 섭취로 부담을 감지한 내 위장이 난데없는 배앓이로 고생할 수도 있다. 그러다 과거의 내가 그랬던 것처럼 단체 여행에서 홀로 더 구경하다가 일행을 놓쳐 매연을 뿜으며 떠나는 버스의 꽁무니를 보았을 때의 허탈감을 맛보기도 한다. 여행은 어떤 것을 얻기도 하고 잃어버리게도 하며 행복과 고통을 동시에 음미하지만 우리는 집을 떠난다는 생각만으로도 흥분된다. 여행이란 그동안 나를 에워싸고 있었던 걱정과 근심으로부터 잠시 벗어날 틈이 만들어지기 때문이다.

어떤 이는 가고 싶을 때 언제든 혼자서 훌쩍 떠난다고 한다. 혼자 여행이 가장 마음 편하고 자유롭다고 했다. 가끔 현실에 지쳐 진정 모든 것을 잊고자 할 때엔 지독한 고독을 만끽해 보는 것도 극복의 방법이리라.

몇 해 전 딸이 회사 생활이 무척이나 힘든 때, 휴가를 내고 불현듯 러시아로 떠났다. 우리는 걱정이 되어 딸이 여행을 시작한 순간부터 국내에 들어올 때까지 걱정으로 며칠 밤을 지새웠으나 아이는 의외로 건강하고 활력에 찬 모습으로 돌아왔다. 시베리아 횡단 열차를 타고 침대칸에서 잠을 자고 난 뒤 아침에 도착한 하바롭스크의 아침은 무척 아름다웠다고 했다. 햇살이 비치는 눈부신 성모승천대성당 앞에 서자 마구 눈물이 흘렀고, 울고 또 울며 딸은 그동안의 고통과 외로움을 다 씻어 내었다고 했다. 그곳에서 오페라를 보며 행복한 하루를 보냈고, 결코 고독하지 않은 충만한 여행이었다고 했다. 훗날 그 말을 들으며 나도 괜스레 눈물이 흘렀다. 의지할 누군가가 없고 혼자라는 생각이 들 때 인간은 더 강인해질 수 있고 환경에 맞서 싸우다 보면 뜻밖의 나를 만날 수도 있다. 딸은 그때 막 홀로서기를 끝내고 집으로 돌아온 것이다. 더욱 단단해진 모습으로 재무장해 담대하게 세상으로 나아갈 것이다. 현실과 정면 승부를 벌이는 것도, 혹은 포용으로 관대해지는 용기를 얻게 되는 것도 여행의 숨겨진 힘이 아닐까 싶었다.

우리가 여행을 선택하는 이유는 각자의 상황에 따라 여러 가지가 있을 수 있지만 대부분은 일상에서의 탈출, '일탈'을 원해서일 것이다. 그 외 단체 화합을 위해서, 머릿속이 복잡해 뭔가 정리가 필요할 때, 아니면 중대한 결심을 해야 하는 기로에 놓여 있을 때, 새로운 시작을 하기 전이거나 혹은 단순히 여행 자체를 즐기기 위해서이든 다양한 이유가 있을 수 있다.

떠나기 전에 나름대로 계획을 해야 할 것이 있다. 이를테면 풍경을 보기 위한 것인지, 사람을 보고 문화를 알고 싶은 것인지, 아니면 인적 드문 호젓한 곳에서 힐링을 하고 돌아올 것인지다. 행선지가 좋아서 단순히 풍경을 즐기러 간다면 의외로 계획은 간단하고 여행 패키지를 이용한다 해도 별 이견이 없을 것이지만 자유 여행을 계획해 사람을 만나고 직접 문화를 접해 보는 것은 그리 단순하지 않다. 일단 같이하는 사람들과 마음이 맞아야 하고 현지인들과도 소통할 수 있어야 한다. 물론 모바일폰 AI 기능으로도 소통이 되는 시대이긴 하지만 기본적인 지식은 습득하고 가는 것이 도움이 된다. 각자 여행의 테마와 의미를 생각해 보고 실행에 옮기는 것이 좋을 듯하다.

예전에 애들과 함께 일본 여행을 다녀왔을 때가 생각난다. 막내아들은 그동안 자신이 접해 왔던 일본 젊은이들의 문화와 먹거리 등을 찾아 떠나는 여행이라고 기대했다. 나는 아이들에게 최대한 여러 곳을 보여 주고자 JR 프리 패스권을 준비해 풀코스로 바삐 움직였다. 하루 종일 기차 시간에 맞추어 전철과 기차로 이동하며 강

고요의 옴니버스

행군하다 보니 호텔에 늦게 도착했다. 괜찮은 식당이 문을 닫아 어쩔 수 없이 24시간 영업하는 식당에서 밥을 먹곤 했는데 사실 일본에선 그런 식당도 꽤 맛있는 편이다. 이틀 정도 그렇게 되다 보니 막내아들이 뿔이 났다. 불만이 극에 달해 다음부터는 절대 엄마와 일본 여행을 오지 않겠다고 몽니를 부렸다. 그 후 대화가 끊긴 나머지 여행 일정을 끝내고 공항으로 가려는 길에 백화점과 연결된 복잡한 오사카역에서 아들이 길을 잃어 앞이 캄캄했다. 직원에게 공항 특급 열차를 두 번이나 다음으로 미루어 달라고 부탁하고, 흩어져서 겨우 찾았다. 다음 열차를 타긴 했지만 비행기 시간이 임박해 공항에 도착하자마자 뛰기 시작했다. 이 비행기를 놓치면 오사카에 사는 외사촌 오빠에게 연락드려야 하나 별생각이 다 들었다. 애가 탔던 항공사 직원이 우리를 보고 뛰어왔다.

"○○○님 되세요? 저를 따라오세요."

우리는 공항 직원 출입구로 들어가서 바로 비행기를 탔다. 그때의 긴박했던 느낌은 다시없는 추억으로 회자되었지만 여행의 만족감은 각자의 선택에 달려 있다.

"그렇게 바삐 움직인 덕분에 오사카, 나라, 교토를 다 다녀볼 수 있지 않았니?"

내가 물어보면 아들은 고개를 절레절레 흔든다.

여기서 여행의 진정한 의미는 무엇인가에 대해 생각해 볼 필요가 있다. 영어의 'travel'이 여행이라는 의미로 쓰인 건 14세기 무렵 프랑스어 'travail'에서 파생되면서부터라고 한다. 원래의 의미는 '노동'과 '수고', '고통' 같은 의미들이 담겨 있다. 결국 '집 떠나면 고생'이라는 우리나라 속담의 의미와 일맥상통한다. 집은 아무리 누추한 곳이라 해도 편한 장소를 의미하며 여행에서 힘들게 고생한 뒤에는 더욱 집이 소중하게 여겨지리라. 집은 잠시 쉬면서 재충전할 수 있는 베이스캠프 같은 곳이다. 재충전해 다음 여행을 계획할 수도 있고 여행에서 충전된 마음을 활력소로 삼아 새롭게 잘 살아갈 수 도 있는 것이다.

나도 삶이 무기력하고 무미건조해질 때 여행을 다녀오면 새로운 반환점이 되어 잠시 생활에 화색이 돌기도 하지만 사실은 나 자신이 어느 쪽도 완전히 즐기지 못하는 타입임을 잘 알고 있다. 집 떠나면 집을 걱정하고 집에 돌아오면 다시 떠나고 싶어 하기 때문이다. "카르페 디엠 Carpe diem." 즉, 현재를 즐기라는 이 라틴어 문장의 의미를 지극히 좋아하면서도 실천을 못 하고 있는 것이다.

대부분의 사람들은 여행에서 풍경을 보지만 소설가 김훈은 풍경과 함께, 슬픈 역사와 그 역사의 희생양이 되어 버린 민족의 한을 생각한다. 그리고 역사에 상처 입은 풍경을 바라본다. 누군가가 피를 흘렸을 장소에서, 숱한 사람들의 넋이 어린 곳에서, 아름다운 풍경 내면에 숨겨진 상처를 보듬는다. 그들과 함께 느끼며 그들과 함께 아파하며 자신의 상처를 치유한다.

> 인간이 그 무균한 시간을 배척해 버린 것인지, 아니면 인간을 이편 기슭에 세워 놓고 낙태되는 시간이 혼자서 흘러가는 것인지, 분단의 틈바구니를 흐르는 강물 위에 실리는 시원始原의 시간들은 뒤채는 강물의 자궁으로부터 무더기로 사산되어 바다로 떠내려갔고, 그 강가에서 신의주행 미카 244 기관차는 잡초 속에 녹슬어 있다.
>
> ― 김훈, 『풍경과 상처』 중에서

책을 읽고 있다 보면 가슴속 깊이 내재되어 있는 역마살의 속성이 되살아나 당장이라도 배낭을 꾸려 떠나고픈 충동이 이는 것이다. 지금은 고인이 된 구본형 작가의 『떠남과 만남』을 읽었을 때도 작가처럼 남도 쪽으로 훌쩍 떠나 섬진강 줄기를 따라 무작정 걷고 싶었다. 느림을 찾아, 천천히 달팽이가 온몸으로 걸어가 궤적을 남기는 것처럼 나도 발자국을 남기며 섬진강을 걸어 보고 싶었다.

> 섬진강을 따라 걸으면 하얀 모래톱 때문에 가슴이 뛴다. 그 초록색 흐름 때문에 아, 아, 한다. 햇빛이 보석처럼 부서지는 그 여울 때문에 그 오후를 잊지 못한다. 차를 타고 가지 마라, 걷다가 신을 벗고 강물에 발을 담가보아라, 그 미끈한 부드러움 때문에 어쩔 줄 모르게 된다.

작가는 걸을 때의 느낌을 위처럼 서술하고 있다.

우리들 대부분은 돌아올 부분과 시점을 분명히 알고 떠난다. 가족과 친구들이 기다리는 곳. 집, 고향이라는 든든한 보험이 있기에 마음 편하게 여행을 떠나는 것이다.

"인간들은 현재를 살아가지만 머릿속은 과거와 미래에 대한 후회와 불안으로 가득하다. 여행은 그런 우리를 이미 지나가 버린 과거와 아직 오지 않는 미래로부터 끌어내 현재로 데려다 놓는다."라고 김영하 작가는 여행의 이유에 대해 말한다.

일상의 근심과 후회, 미련으로부터 자유로워지기 위해 우리는 다음 여행 계획을 짠다. 어쩌겠는가? 가브리엘 마르셀이 정의한 것처럼 우리는 평생 여행을 하는 호모 비아토르인 것을

봄은 어디에서 오는가

계절의 길목에서 겨울이 서성거리며 모처럼의 따스한 볕을 모으는 꽃들에게, 설레발치는 봄에게, 가차 없이 찬 바람을 불어 넣으며 허세를 부린다. 지난해 12·3 비상계엄이 우리에게 혹독한 겨울을 안겨 준 탓인지 올해의 봄은 예년에 비해 더욱 지난하다. 포근하고 조용했던 그 초겨울의 밤, 그들은 우리에게서 평범한 일상과 빛을 차단하고 참담한 어둠 속으로 밀어 넣었다. 사그라드는 빛을 찾기 위해, 진흙탕에 빠진 희망을 건져 내기 위해 모여든 사람들, 은박지로 만든 바람막이 하나 몸에 둘둘 감고 매서운 눈바람을 맞으며, 혹한이 이어지는 낮과 밤

고요의 옴니버스

을 버티며, 이념에 맞서 싸우는 그들의 바람은 오직 따뜻한 봄이 찾아와 다시 일상을 바로 세우는 일이었을 것이다. 언제쯤 보통의 봄이 시작될 것인지, 오늘도 하얗게 밤을 지새울 그들의 겨울은 퍽이나 길었고 지켜보는 이들의 마음도 녹록지 않았다.

　북풍의 잔존력에도 아랑곳하지 않고 변함없는 열정으로 추위를 녹일 따스한 여인들이 모였다. 맨발로 모래사장을 걸어도 족히 좋을 듯한 2월의 일요일, 열세 명의 여인이 각자 챙겨온 먹거리 등을 풀어놓으며 푸르른 동해東海의 능선이 환하게 펼쳐지는 펜션에 아기자기 둘러앉았다. 한껏 상기된 분위기에 웃음소리가 고요를 깨며 바다로 달려 나간다. 시 낭송을 하며 시와 함께한 나날들, 힘든 삶 속에서도 늘 소녀 같은 꿈을 꾸며 살아온 이들은 오랜만에 이야기보따리를 풀며 배를 잡고 마음껏 웃는다. 한참 물이 오른 분위기를 잠시 가라앉히듯 친구 J가 얘기를 꺼냈다. L 회원이 교통사고로 인해 척추를 심하게 다쳐 지금 수술 중이어서 참석을 못 한다고 했다. 순간, 우리 사이엔 무거운 침묵이 흘렀고 곧이어 누구랄

것도 없이 탄식 소리가 새어 나왔다. 늘 열심히 살아왔고, 모두에게 친절하고 다정다감했으며 회원들에게 선한 느낌을 주는 그녀의 사고 소식은 가히 충격적이었다. 잠시나마 건강하게 이렇게 앉아 웃을 수 있다는 것이 얼마만큼의 큰 행복인지, 그 사실만으로도 그녀에게 얼마나 미안한 일인지, 일순간의 한숨이 지나고 잠시나마 맘속으로 그녀의 쾌유를 비는 기도의 시간을 가졌다. 시낭송이 좋아 모인 엄마들. 33년 전 남편을 만나 이 도시에 정착하게 된 나는 외톨이가 되어 오직 남편을 위한 하루가 시작되었고, 남편을 기다리다가 하루해가 저물었다. 아이의 출생으로 내 고향은 맘속 그리움이려니 여기며 살았다.

모든 것이 낯설기만 한 도시에서 비슷한 처지의 친구들을 만나 시 낭송회 모임을 만들게 되었다. 시 낭송회는 나를 이 고장에 무사히 정착하게 해 준 계기가 된 셈이다. 회원들은 아이들을 한 명씩 데리고 와 시 낭송을 하며 서로 챙겨 주고 연배들에게 육아에 대한 조언과 많은 도움을 받았다. 아이들의 성장과 더불어 모임도 자리

고요의 옴니버스

를 잡아 명실공히 지역의 전문 시 낭송회로 자리매김하게 되었다. 서울에서만 살았던 L도 남편의 고향인 이곳으로 와 동해 시민이 되었다. 같은 타지인으로서의 동병상련同病相憐을 느끼며 서로 의지하며 친해지게 된 지 어언 15년이었다. 그녀의 사고 소식에 모두 마음이 편치 않았으나 오늘은 몇 년 만에 가져보는 귀중한 1박 2일의 단합 대회였다. 작년부터 신입 회원들이 늘어나 우리 모임은 더욱 활기가 넘쳤다. 자기 일에도, 남을 돕는 봉사에도 열심이었던 회원들, 힘든 투병 생활에도 잘 견디며 늘 씩씩함을 잃지 않는 K 시인, 병마와 싸워 마침내 건강을 되찾은 두 분의 수필가, 그리고 최선을 다해 가족과 남편의 건강을 지켜 내고 있는 여전사들이 모두 모였다. 잠시 우울한 마음은 접고 예전 이야기로 웃음꽃을 피웠다. 절친이며 문화 해설사인 L 시인이 먼저 묵호墨湖의 유래에 관해 설명한다.

검은 호수라는 의미를 지닌 동해시의 옛 지명 묵호는 조선조 후기 순조 때 이 마을에 큰 해일이 일어나 집이 떠내려가고 생업의 수단인 배까지 파손되어 이곳 사람들의 굶주림이 극심하게 되자 나라의 명으로 이유응 강룽 부사가 파견되었다. 그는 마을 이름이 오리진烏里津, 까마귀가 많은 마을과 발한發翰, 글을 잘 쓰는 선비, 두 가지임을 알고 이곳은 물도 검고, 바다도, 물새도 검으며 글을 잘 쓰는 이가 많으니 먹 묵 자를 써서 묵호라고 새 이름을 지어 주었다고 한다. 예전 명태 어획량이 풍부할 때는 여인들이 묵호 어판장에서 덕장이 있는 높은 등대 언덕까지 명태를 담은 다라이를 머리에 이고 다녀 길이 논길처럼 질퍽해졌다고 해서 '논골담길'이라 불렸다고 한다. 그 후 이곳 묵호에서 말린 명태를 특산물 '먹태'라고 이름 했다. 10여 년 전만 해도 등대 언덕배기 마을에는 명태를 말리는 덕장마다 해풍에 꾸덕꾸덕하게 마른 먹태가 가득 걸려 있었지만, 동해에서 명태가 사라진 지 오래되어 빈 덕장에는 스산한 바닷바람만 에인다.

흘러가는 시간 속에 바다 위로 밤이 내리자 도예방을 운영하며 다도회 회장을 맡고 있는 이 선생님이 넓은 다포를 펼치고 다도 준비를 한다. 각자 앞에 다기와 차, 찻물, 다식을 가지런히 놓고 정자세로 둥글게 둘러앉아 이 선생님께 다도 예법을 배운다. 맛있는 차를 마시려면 다도부터 익혀야 한다며 차분히 차를 준비해 우려내고 찻

고요의 옴니버스

잔에 담아 차향을 음미하고 마시는 예법, 그리고 마음을 다스리는 법까지 상세한 설명을 해 주었다. 잠시나마 다도의 멋을 음미하며 그 진지함에 빠져들었고 심란했던 감정이 정리되며 모처럼 안정감을 느낀 시간이었다. 정靜으로 동動을 다스리며 마음속에서 끊임없이 활개치는 망상과 걱정들이 차 한 잔에 오롯이 가라앉는 느낌이 다도의 묘미일지도 모른다는 생각을 해 본다. 끝으로 L의 회복을 다시 한번 빌며 다도의 시간을 끝냈다.

밤이 이슥해지자, 운영진이 준비해 온 윷판을 펼쳤다. 푸짐한 사은품(짜장 라면)을 걸고 모와 윷을 외치며 쌓여가는 라면 개수에 뿌듯함을 느꼈다. 승부욕에 불탄 함성과 박수 소리, 웃음소리가 천장을 찔렀고 전리품인 짜장 라면 개수를 자랑하며 하루의 막을 내렸다. 참 소박하고 소탈한 모습들, 주어진 삶 속에서 열심히 살아가며 각자의 분야에서 전문가가 되어 능력을 발휘하고 세파에 시달려도 소녀의 순수함을 잃지 않는 모습들이었다. 따뜻하고 포근한 우리들의 봄밤은 그렇게 무르익어 갔다. 맘껏 웃으며 살아갈 수 있는 우리들의 봄이 얼마나 남아 있을까, 10년 후 병마가 곁에 다가 와 우리의 건강

을 위협할 때도 이렇게 웃으며 즐길 수가 있을지 염려가
된다. 당장 L과 K 시인의 건강 회복이 급선무이건만 우
리가 할 수 있는 것은 묵묵히 곁을 지켜 주는 것이다. 다
가올 미래를 예단해 걱정하는 것은 현재에 충실해야 할
의무와 책임을 회피하는 일이며 시간 낭비일지도 모른
다. 그저 웃을 수 있는 오늘과 내일에 감사하자.

　부지런한 여인들의 수다가 구름 속에 잠든 태양을 깨
우고 미진한 수면에 대한 미련을 떨치며 하는 수 없이
자리에서 일어난다. 출근하는 나를 위해 친구가 일찌감
치 일어나 춘천 엄마 표 된장찌개를 맛깔나게 끓여 주었
다. 구수하고 깔끔한 된장찌개와 몇 분 들이 챙겨 온 반
찬을 펼쳐 놓고 오래간만에 아침을 맛나게 먹었다. "오늘
도 수고해."란 인사말을 가슴에 담고 든든한 출근길에
올랐다. 함께 있기만 해도 맘 편한 사람들, 때론 회의 운
영에 있어 다른 관점으로 부딪힐 때가 없었던 것은 아니
나 그 과정을 통해 더욱 돈독해진 것은 아닐까 생각해
본다. 뭔가 서운하고 마음이 흐트러질 때는 초심을 잃
지 말라고들 한다. 내가 외로울 때 힘이 되어 준 사람들

을 기억해야 한다. 오래전 둘째의 돌잔치에 음식 준비를 도와주러 회원들 몇 분이 우리 집에 모인 적이 있었다. 엄마가 눈시울을 붉히며 "멀리서 시집와서 외로운 줄 알았는데 좋은 사람들이 옆에 있어서 너무 다행이다."라고 말씀하셨다. '시 낭송'이라는 공통된 목표로 만난 우리는 서로를 격려하며 살아간다. 시니어 모델을 꿈꾸는 멋진 회장님과 아직도 소녀 같은 총무님, 멋진 회원들이 시를 낭송하며 시로 세월을 엮으며 그 속에서 아름다운 노년을 꿈꾼다.

봄은 어디에서 오는가? 봄은 폭풍우처럼 거대하지도, 겨울처럼 존재감을 뽐내지도 않고 조용하게 다가온다. 그 움직임은 미미하나 혹독한 추위 속에서도 스스로 온기를 찾아내며 거친 파도 속에서도 방향을 잃지 않고 꾸준히 나아가는 돛단배다. 작은 바람이 모여 큰 변화를 끌어내는 위대함이다. 그리하여 봄은 눈보라 속에서도, 평범한 일상과 아이들의 미래를 지켜 내기 위해 굳건히 자리를 지키는 키세스 시위대의 용기 속에서, 힘든 투병 생활 중에도 잃지 않는 미소 속에서, 얼어붙은 땅

속에서 고개를 내밀며 초록을 일궈 내는 쑥 더미에서, 시를 사랑하며 낭송하는 우리들의 순수함 속에서, 아름다운 일상을 꿈꾸는 사람들의 염원에서 조용히 오는 것이리다.

청주기행

청주淸州, 이름만으로도 지역의 이미지가 투명하게 연상되는 도시다. 맑은 고을, 미호강의 맑은 젖줄이 도시의 심장을 뛰게 하며 마음이 맑은 사람들이 모여 사는 풍요로운 도시다. 30여 년 전 난생처음으로 청주에 발을 디딘 날, 가로수가 빽빽이 심어져 있는 도심에서는 수줍은 젊은이들이 모여 청춘과 낭만을 만끽하는 곳, 청주의 첫인상은 낭만이었다. 그 후 2010년 〈제빵왕 김탁구〉란 드라마가 성황리에 끝나고, 촬영지에 가고 싶다고 생각하던 차에 상당산성에 대한 기사가 신문에 대문짝만하게 떴다. 불현듯 떠나왔지만, 기록적 폭염으로 산성의 능선을 충분히 감상하지 못한 아쉬움에, 가을날 가족들과 피크닉을 즐기는 모습을 그리며 수암골로 넘어갔다. 청주의 두 번째 느낌은 평온함이었다.

　직지直指와의 조우는 경이로웠다. 지독히도 더운 날에 도착한 청주고인쇄박물관Cheongju Early Printing Museum은 숲속에 지어진 역사의 공간이었다. 'Early'로 표기한 것은 마치 세계 최초의 금속 활자라는 의미가 강하게 내포되어 있는 듯했다. 금속 활자의 역사와 직지가 어떻게 만들어졌는지를 처음 알게 되었고, 유네스코 세계기록유산으로 등재되기까지 많은 사람의 열정과 노력을 알게 되니 가슴 안쪽에서 묵직한 감동이 솟구쳐 올랐다. 아! 우리는 진정 자랑스러운 민족이었다. 구텐베르크보다 무려 78년이나 앞섰다고 하니 얼마나 놀라운 일인가. 청주의 세 번째 느낌은 유레카였다. 금속 활자의 인쇄술을 처음 발명한 것이 우리 민족이고, 직지심경의 원제목은『백운화상초록불조직지심체요절』이다. 1372년(고려 공민왕 21년) 백운화상경한이 석가모니의 깨달음을 선종 조사들의 어록과 게송으로 정리해 상, 하 en 권의 책으로

엮어 내었다. 백운화상이 입적하고 그의 제자들이 1377
년(고려 우왕 3년)에 청주 흥덕사에서 금속 활자로 찍어
냈는데 이것이 세계 최초의 금속 활자본이다. 현재는 프
랑스 국립도서관에 하권만 보관되어 있다고 했다. 목판
본은 이듬해 여주 취암사에서 간행되어 보물 제1132호
로 지정되었다.

  직지를 탄생시킨 흥덕사가 전소되고, 세월에 묻혀 자
취를 찾을 길이 없었는데 1985년에 발굴단이 청동 금구
와 흥덕사의 유물을 발굴해 마침내 흥덕사에서 직지가
간행되었다는 기록을 증명할 수 있었다고 한다.

  해인사 팔만대장경을 처음 봤을 때의 장엄한 느낌에
이어 『직지심체요절』은 우리 조상들의 획기적인 발명이
었으며 그 놀라운 기술과 역사적 장엄함을 놓치지 않기
위해 박물관을 건립한 청주 시민에게 경의를 표한다. 후
세들에게 조상들의 놀라운 기술과 지혜를 전수해 줘야
하는 게 우리들의 의무다. 역사는 어김없이 흘러가고,
글을 쓰는 이 시간조차 역사의 한 페이지가 되겠지만 기

록하지 않는 역사는 의미가 없다. 기록하고 발굴해 내 후세들에게 알리고 자랑스러운 역사를 우리 민족뿐 아니라 세계가 알게 될 때 그 가치가 더 빛나는 것이다. 전달의 매개체로 역할을 훌륭히 해내고 있는 것이 박물관이다.

나는 1377년의 흥덕사로 거슬러 올라간다. 석찬 스님과 달잠 스님이 스승인 백운화상의 『직지심체요절』을 다른 사찰의 승려들에게 어떻게 보급할 수 있을까 의논한다. 처음에는 목판본을 생각해 보지만, 목판본은 먹이 흡수될수록 점차 나무가 갈라져 획이 하나씩 늘어나 글자가 정확히 찍히지 않게 되고 다시 원본을 보수해야 하는 어려움이 있다. 잘 변하지 않고 많은 부수를 찍어 내는 데는 어떤 방법이 있을까 고심하다 밀랍주조법이나 주물사주조법 같은 금속 활자를 고안해 낸다.

두 스님을 필두로 동자승에서부터 몇 분의 스님들이 구슬땀을 흘리며 부처님의 가르침을 새기고 다시 다듬고 주물 틀을 만드는 일에 정성을 다한다. 그들의 진심

고요의 옴니버스

은 오로지 『직지심체요절』을 만인에게 알리어 어지러운 시국이 바로 잡히고, 백성들을 도탄에서 구하고자 함이 었을 것이다. 그들이 겪은 고초는 수행이었고 부처님의 가르침을 몸소 실천하는 것이었다. 훗날 흥덕사와 함께 인쇄술의 기술과 과정, 유실된 상권, 스님들의 기록물조차 사라졌다는 사실이 가슴 한편 상흔으로 남아 있다.

프랑스에 남아 있는 하권도 프랑스 국립도서관 사서로 근무했던 박병선 박사님에 의해 발견되었다. 그녀는 병인양요 때 약탈당한 외규장각 조선왕실의궤를 찾다가 우연히 『직지심체요절』을 발견하고 『직지심체요절』이 최초의 금속 활자본임을 입증하기 위해서 무척 노력했다고 한다. 외규장각왕실의궤와 『직지심체요절』의 존재를 발표함으로써 프랑스의 눈 밖에 났지만, 결국 외규장각 왕실의궤는 대여형식으로 145년 만에 고국의 품으로 돌아왔다. 『직지심체요절』은 당시 프랑스 공사였던 콜랭 드 플랑시가 조선에서 구입해 간 뒤 경매에서 낙찰되어 프랑스 국립도서관에 기증했다고 해 안타깝게도 우리 곁으로 돌아오지 못했으나, 2001년 세계기록유산에 마침내 지정되었다. 박병선 박사와 관계자들의 노력에 대한민국 국민으로서 그저 감사할 따름이다.

하나의 박물관은 눈에 보이지 않는 전문가들의 고증과 기획, 자료를 연구하는 이들과 건물을 만드는 건축가 등 몇백 명의 숨은 노력과 관심이 점철되고 형성되어 완성되는 것이다. 하물며 단순한 전시가 아니라 새로운 것을 알게 된 때에는 경의 그 자체이다. 우리 선조들의 지혜로움과 놀라운 기술을 알게 된 오늘이 진정한 경이로움에 이른 날이다. '청주고인쇄박물관'은 감동이었다.

홍덕사를 배경으로 한 AI 사진 한 장, 『직지심체요절』게송을 가슴 깊이 새겨 본다.

"생각건대 문 앞의 나무는 새가 깃들거나 날아가는 것을 잘도 포용하고 있구나, 오는 자에게도 무심하고 날아가는 자도 사모하지 않네, 사람의 마음이 나무와 같다면 도와 서로 어긋나지 않으리라."

고요의 옴니버스

이방인의 고향

친구가 교통사고로 병원에 입원했다고 했다. 한달음에 달려가 상태를 보고 싶었지만, 수술한 지 얼마 지나지 않은 터라 한 주를 기다렸다. 전화를 해 보니 목소리가 다소 안정되어 있었고 읽을 책이 없다기에 책 몇 권 들고 얼굴을 보러 갔다. 걱정했던 것과 달리 그녀는 웃고 있었다. 아마 사고 후의 충격이 조금씩 가라앉으며 십년 감수했던 자신을 위로하는 웃음이었을 것이다. 보조기에 의존해야만 걸어 다닐 수 있는 그녀에게 아찔했던 사고 소식을 들으며 가슴을 졸였다. 자칫 더 큰 사고로 이어질 뻔한 위험한 순간에 그녀의 하느님이 보살펴 주신 것 같았다.

불 꺼진 병원 로비에서 차를 마시며 그녀가 이 도시에 와서 살게 된 긴 사연을 들었다. 30년 전 나도 느꼈던 그녀의 외로움을 공감하기도 했고, 가족을 위해 애쓴 그녀의 헌신적인 삶에 경의를 표했다. 얘기를 나누며 울고 웃다 보니 우리들의 밤이 그렇게 깊어 가는 줄도 몰랐다.

낯설던 이곳이 제2의 고향이 되어 살아가고 있는 사람들, 태어난 고향보다 더 큰 의미로 새겨져 떠나지 않고 사랑하며 이 도시를 지키고 있는 분들의 삶을 문득 그려 본다. 그들의 외로움과 고향에 대한 그리움이 알알이 맺혀 이곳에서 알찬 열매로 영글어진, 소중한 삶을 사는 사람들이다.

춘천이 고향인 친구는 대학교 때 지금의 남편을 만났다. 면장님이었던 아버지의 딸로 부족함 없이 자랐지만, 그녀는 용기 있게 남편을 따라 이곳 동해시로 와서 살게 되었다. 동화구연과 시 낭송 활동을 하며 아이들을 열심히 키우며 살았던 그녀는 아이들과 자연스럽게 동해시에 스며들었다. 중년이 된 후 의미 있는 일을 하고 싶

고요의 옴니버스

어서 문화 해설사를 택했다. 동해의 역사와 아름다움을 관광객들에게 알려 주는 중요한 역할을 맡아 하고 있는데 그 일 자체가 너무 좋고 행복하다고 했다. 텔레비전의 동해시 소개 프로그램에도 출연하는 등, 제법 유명 인사가 되어 간다. 관광객들에게 해설할 때의 그녀는 만면에 웃음꽃이 피어난다.

병원에 입원해 있던 친구도 가족들의 사랑을 받으며 직장 생활을 잘하고 있던 서울 토박이였는데 거래처 직원이었던 남편을 만나 결혼했다. 서울에서 아이들을 낳고 살다가 남편의 고향인 이곳으로 내려와 정착하게 되었다. 마냥 행복하리라 생각했던 그녀의 삶에 먹구름이 드리워지기 시작했다. 여유 있던 남편의 사업이 원활치 않았고 결국 직장 생활을 하며 아이들을 키우게 되었다. 갑작스러운 남편의 병환에 자신의 신장까지 이식해 주었고 꿋꿋하게도 남편과 가정을 잘 지켜 내었다. 힘들다는 불평 한마디 없이, 직장에서도 인정받아 승승장구하는 그녀였다. 그러다 열흘 전 어이없는 교통사고로 척추 수술을 두 번이나 받았으니 참으로 안타까운 일이다. 다행스럽게도 지금은 건강을 회복한 남편이 자상하게 간병을 잘 해 주시는 것 같아 다소 안심이 되었다.

　오랫동안 이웃 동생으로 친하게 지냈던 B는 남원이 고향이다. 은행에 근무하면서 직장 선배를 만나 결혼했다. 회사의 구조 조정으로 부득이 남편을 위해 사표를 쓰게 되었고, 남편의 고향인 동해 지점으로 발령을 받아 아이들과 함께 이사 왔다. 세 아들을 키우면서 만학도로 졸업하고, 학교에서 학생들의 특수교육지도사로 오래도록 근무하고 있는 그녀는 일하는 게 행복하고 자랑스럽다고 한다. 아이들을 돌봐주는 것이 재밌고 보람이 있다고 말하는 그녀는 늘 표정이 밝고 눈이 반짝인다. 운동으로 시작한 탁구가 대회에서도 몇 번이나 우승할 만큼의 선수급이 되었다. 그녀는 누가 봐도 씩씩하고 훌륭한 동해 시민이다.

　P 피자집을 운영하는 O 씨는 포항에서 태어났다. 20여 년 전 남편과 함께 태백으로 와서 학원을 운영하다가 동해시로 와서 프랜차이즈인 P 피자집을 운영했다. 부부가 열심히 해 항상 손님이 많았고 늘 바쁘게 살았다. P 피자를 먹으러 서울이나 대구, 강릉으로 가곤 했던 우리

가족에겐 무척이나 반가웠다. 큰애가 휴학 기간 피자집에 아르바이트하게 되었다. 처음으로 근무란 걸 해 보는 터라 긴장했는데 사장님이 친절하게 잘 가르쳐 주셨고, 졸업하면 정식 직원으로 채용하고 싶다고 칭찬해 주셔서 감사했다. 진심을 담아 피자를 만드는 덕분인지 맛있었고, 늘 사람들로 북적거렸다. 몇 년 후 바깥 사장님이 아프다는 소식을 들었다. 악재는 가혹하게도 호재의 등 뒤에서 따라 들어오고 간혹 그 반대가 되기도 하니 우리 인생이 늘 나쁜 것만도 늘 좋은 것만도 아닌 듯하다. 몇 년 후 옮긴 피자 가게로 가 보았다. 바깥 사장님을 떠나보낸 뒤 혼자 운영하기가 힘에 부쳐서 테이크아웃 전문 매장으로 바꿨다고 했다. 가끔 들르면 언제나 미소 지으며 딸 안부를 묻는 사장님. 본사에서 실시하는 위생과 재료 점검이 까다로워 혼자 감당해야 할 몫이 녹록지 않아 보이나 이제는 담담하게 웃으며 피자를 굽는다. 동해 유일의 P 피자 맛집을 지키는 그녀는 피자를 구울 때, 맛있게 드실 고객을 생각하면 행복해진다고 했다.

부산에서 홀로 살고 있었던 P 시인은 한 남자분을 소개받았다. 그분과 결혼해 남편의 고향인 이곳으로 와서 낯선 곳에서 새 삶을 살게 되었다. 술을 지독히도 좋아하고 사람들을 좋아했던 남편 덕분에 곧잘 손님을 치르고도 별 불평 없이 그 남자를 이해해 주며 살았다. 폐암에 걸린 남편을 위해 간호에도 지극정성이었다. 남편의 삶에 맞추기 위해 전 자식들과의 만남도 자제했던 P 시인은 남편을 떠나보내고도 이 도시를 떠나지 않았다. 이곳은 그녀의 고향이 되었기 때문이다. 늠름하고 예쁘게 자란 자식들이 가끔 엄마를 보기 위해 이곳을 찾는다. 남편을 보내고 지친 그녀에게도 병이 생겼다. 깔끔하게 정리하지 못한 남편의 뒤치다꺼리와 마음 앓이가 그녀를 힘들게 한 것 같다. 다행스럽게도 이젠 투병 생활을 끝낸 그녀와 웃으면서 만날 수 있다. 남편을 보내고 나니 나쁜 기억보다 좋은 기억만 남아 그립다고도 했다. 아픔을 참아 내며 쓴 작품이 한 보따리건만 너무 슬퍼 감히 세상에 내놓을 수 없다고 한다. 언제쯤 P 시인이 그 아픔을 담담하게 세상에 풀어놓을지 기다리는 중이다.

어느 날 멋지게 사는 두 여성을 만났다. 한 여성 단체

226

대표와 사무국장이었다. 지역에 사는 젊은 엄마들이 모여 육아와 교육에 대해 같이 연구하고 좋은 정보를 나누는 단체였는데 대부분 외지에서 오신 분들로 구성되어 있다. 지식을 공유하며 좋은 책을 찾아 토론하기도 하는 신세대의 엄마들이었다. 지역에서 활동하고 있는 여성들을 찾아 인터뷰집을 만들었는데 나에게도 인터뷰 요청이 와서 만난 분들이었다. 젊다는 게 새삼 부럽게 여겨질 정도로 똑소리 나는 엄마들이었다. 그런 분들이 지역에서 자리를 잡고 존재감을 넓힌다면 지혜로운 2세대들이 형성되고 그 영향력이 이 도시에 자양분을 만들 수 있지 않을까 기대해 본다. 어느 지역에서건 윗대부터 살아온 토박이들과 외지에서 온 이주민, 크게 두 종류의 부류가 존재한다. 원래부터 살아온 사람들이 뿌리를 내려 큰 그늘을 만들고 사람들이 하나둘씩 그 그늘로 모여들어 행복한 마을을 만들어 가는 게 '나눔'이리라. 이외에도 일일이 소개하지 못한 멋진 분들이 너무 많다.

바다가 슬픔이 될 줄을 예전엔 몰랐어 / 딸네에 왔다가 꼬불

꼬불 / 동해바닷길을 돌아가던 엄마는 / 자꾸만 눈물이 앞

을 가리더래 / 그때부터 바다는 내겐 그리움이었어 // 명태

다라이 이고 오르던 논골담길 / 등대까지 이어지는 길모퉁

이마다 / 그녀들의 넋두리가 푸르른 풀로 되살아났지 // 바

다는 희망을 주기도 / 때론 삶을 앗아가기도 하며 / 뱃사람

들의 웃음과 눈물을 먹고 사는 / 여기를 묵호라고 불렀대 //

바다가 빚어내는 풍경 한 편씩 / 가슴에 간직하며 외로움을

달래가는 / 이곳은 누가 뭐래도 나의 고향이거든

— 김윤애, 「묵호」 전문

이 도시의 시민이 된 이상 내가 숨 쉬고 있는 이곳이
더는 타향이라 생각지 않는다. 외로웠던 도시가 정겨운
곳으로 변해 가고 볼일을 보러 타지에 다니러 갔다가도
어서 돌아오고 싶은 이유는 여기는 나의 고향이기 때문
이리라. 능력 있는 사람들이 이곳으로 모이고 주민들과
어우러져 복되고 여유로운 지역을 조성하고 후세대를
위한 기반을 닦아 가는 것, 그것이 우리들의 역할과 의
무이며 이상이 아닐까?

고요의 옴니버스

부치지 못한 편지

✦

살아가며 인생에 대해 생각해 보는 시간이 점차 늘어 납니다. 그만큼 살아갈 날이 얼마 남지 않았다는 것일 겁니다. 태어날 때의 우리는 완전체가 아닙니다. 생을 스스로 결정하고, 주어지는 역경을 잘 이겨 내며 완전한 나로 한 걸음 다가가고 있습니다. 그러다가 누군가를 만나고 나의 분신을 만들며 점차 완성으로 나아가는 것일지도 모르겠습니다. 결국, 인생은 미완성인 자아를 찾기 위해, 나머지 반쪽을 찾아 끊임 없이 떠나는 여정입니다. 뚜렷한 목적지도 없이 언제 끝날지 모르는 길고 외로운 여행에 동행해 줄 누군가를 만나는 일입니다. 그것은 배우자가 될 수도 있고, 다 주어도 아깝지 않을 친구가 될 수도 있습니다. 곁에 있어 줄 소중한 사람을 만든다는 건 큰 노력이 필요하며 희생이 따릅니다. 보통의 사람들은 운명이라는 이름하에 많은 시간을 인내해 주고 끝까지 함께하는 동반자를 당연하게 여깁니다. 두 사람이 함께 같은 길을 걸으며 같은 곳을 보고 같이 기쁨을 나누며 행복한 시간을 보낸다는 것이 얼마나 대단한 일인지를 주변의 죽음을 목도하며 세월이 흐른 후에야 깨닫게 됩니다. 인생이란 길을 가다가 힘들어서 포기하고 싶을 만큼 지친 나날을 견뎌 내어야 하는 때도 있습니다. 그 고통으로 인해 소소한 행복들이 의미를 잃어 가고 퇴색될 때도 있습니다. 매 순간 그런 과정을 겪으며 한층 성숙한 어른이 되고 완전한 삶을 이루어갈 때 비로소 소소한 기쁨이 진정한 '소확행'으로 주어지는 것일 겁니다.

어느 날 제게도 동행해 줄 누군가가 생겼습니다. 친구가 어렵게 만들어 준 공간에서 당신을 만났지요. 그 만남을 위해, 당신과 인연을 맺기 위해 어쩌면 몇십 년, 아니 몇백 년을 윤회하며 기다렸는지도 모릅니다.

고요의 옴니버스

당신을 만나기 전 나의 여행은 오로지 나만을 위한 길이었고 나 자신을 위한 선택이고 계획이었습니다. 나를 찾고 내가 좋아하는 것을 이루기 위해 달려갔습니다. 그때 나의 꿈은 거침이 없었고 때론 세계 여행을 꿈꾸며, 나의 일을 하며 철부지처럼 뛰어다니는, 자유로운 영혼을 생각했었습니다.

어느 날 천천히 묵묵히 다가온 당신과 나를, 연緣을 관장하는 신이 운명의 실로 이어 버렸습니다. 그것을 '연분'이라 한다지요. 처음 만났을 때는 당신이 나의 인연임을 알아보지 못했고 상상도 하지 않았습니다.

우리의 거리는 너무 멀었고 나 또한 나의 꿈에 빠져 있었기에 결혼이라는 굴레에 엮이고 싶지 않았습니다. 그러나 운명이라는 것은 자신도 모르는 새에 주변으로 한 걸음씩 다가가고 다가오는 것이었습니다. 일주일에 서너 번씩 국제전화로 안부를 물어 주는 당신의 정성에 마음이 흔들렸습니다.

때로는 안부를 묻고 산다는 게 / 얼마나 다행스런 일인지 //
안부를 물어오는 사람이 어딘가 있다는 게 / 얼마나 다행스
런 일인지 // 그럴 사람이 있다는 게 / 얼마나 다행스런 일인
지 // 사람 속에 묻혀 살면서 / 사람이 목마른 이 팍팍한 세
상에 / 누군가 나의 안부를 물어 준다는 게 / 얼마나 다행스
럽고 가슴 떨리는 일인지

— 김시천, 「안부」 중에서

　시인의 시구처럼 당신의 전화는 내 마음을 따뜻하게
녹여 주었고 염려해 주는 누군가가 생겼다는 사실이 이
국에서의 삶을 든든하게 했습니다.
　우리는 떠날 때 돌아올 계획을 세우지 않습니다. 인생
의 여정이란 한번 떠난 길은 다시 돌아갈 수 없고, 또 어
디로 가는지도 알지 못하는 미지의 여행입니다. 몇 년을
배회하며 타국을 떠돌다 속절없이 돌아온 나의 선택은
결국 당신이었습니다. 내게서 떨어져 나간 편린을 찾기
위해 정처 없이 떠돌았던 나는 안정하고 싶었나 봅니다.
당신의 안부 전화가 점점 운명처럼 내게 다가왔고 각자
주어진 시간과 공간의 조각은 대한해협을 초월하며 자

　　　　　　　　　　　　고요의 옴니버스

연스럽게 퍼즐로 맞춰져 굳이 역학이 작용하지 않아도 저절로 굴러갔습니다. 그것이 운명의 수레바퀴였나 봅니다. 처음에는 미풍만으로도 굴러가는 당신과 나의 인생이 천생연분임을 믿어 의심치 않았습니다.

그러나 시간이 갈수록 우리의 수레바퀴는 쉬이 굴러가지 못한 채 멈추기를 여러 번, 대패로 살을 깎아 내며 모가 난 것은 정으로 내려치기를 반복하며 조금씩 모양을 맞추어 갔습니다. 한때는 우리의 조합이 잘못된 것이 아닌가 몇 번 의심을 한 적도 있었습니다만 벌어진 틈은 아이들의 웃음으로 메꾸어지고 바퀴는 제자리를 찾아 또 굴러가곤 했습니다.

첫째가 우리에게 온 날이 아직도 기억에 생생합니다. 아이의 탄생을 처음 대하는 우리는 너무 늦게 병원에 당도했죠. 자주적인 우리 아이는 의사가 채 분만실로 들어오기도 전에 스스로 세상으로 나왔죠. 어쩌면 미련스레 참고 기다리는 부모가 답답했을 수도 있습니다. 지금 생각해 보면 매사에 철저히 준비하고 일을 깔끔하게 매듭 짓는 딸의 성격 때문이었던 것 같아요. 어쨌든 그날은 커다란 행운의 여신이 우리에게 빛을 비춰 주었습니다.

그러나 그 빛 한줄기만으로 잘 굴러갈 수는 없었습니다. 아이를 키운다는 것은 저절로 될 수 있는 일이 아니었고 아무나 훌륭한 부모가 되는 것은 아니었습니다. 아이를 목욕시킬 때도, 하물며 교육을 시킬 때도 삐걱거렸습니다. 나는 처음 해 본 엄마의 역할이 힘들었고 그 힘듦을 이해해 주기를 바랐으나 누구나 다 할 수 있는 걸 왜 그렇게 힘들어하냐고 당신은 말했었죠. 아이를 안아 주는 것조차 어색해하는 당신에게도 아빠가 된다는 건 쉽지 않은 일이었을 겁니다. 우리는 자신의 불편만 눈에 보여 서로를 배려해 주고 상대방의 마음을 읽을 여유가 없었던 거예요.

어쩌다 완벽한 가족을 만들 두 번째의 기회가 생겼습니다. 귀엽게 생긴 강아지가 비바람을 맞으며 밖에 서 있다가 내 품에 안기듯, 그렇게 둘째가 우리 곁에 왔습니다. 혼자 감당하기엔 벅찬 튼튼한 왕자님이었습니다. 아들을 품에 안은 당신은 시간 닿는 대로 나를 도와주었죠. 아빠가 되는 일에도 어느 정도 적응이 되었는지 목욕도 잘 시키고 기저귀도 손수 갈아 주었습니다. 우리의 수레바퀴도 안정을 찾아 순순히 무리 없이 잘 굴러

고요의 옴니버스

갔습니다.

우리의 바퀴는 놀라우리만큼 완벽해지고 있었습니다. 이태가 지나고 세 번째의 행운이 찾아왔습니다. 셋째가 우리 집의 복덩이로 들어오자, 운명의 수레바퀴는 흠집도 없이, 망설임도 없이 둥글게 굴러갔습니다. 세월이 흘러 인생의 3분의 2나 살아온 지금 바람이 불지 않아도 저절로 굴러가는 그야말로 운명의 바퀴는 감당할 수 없는 속도로 달려가고 있습니다. 누군가 멈출 수도 없고, 브레이크 기능도 없는, 걷잡을 수 없는 운명의 수레바퀴는 언제쯤 멈출까요? 아마 죽음만이 이 수레바퀴를 멈출 수 있을 겁니다.

하늘이 맺어 준 인연으로 당신을 만났고, 두 사람의 꿈과 노력이 만나 하나의 견고한 가정을 이룬 것입니다. 가끔 내가 힘들게 한 적도 있었겠지만 이게 우리의 운명임을 받아들여야 할 것입니다. 다시 과거로 돌아간다면 우리 아이들의 어린 시절로 돌아가고 싶습니다. 더욱 현명하게 우리 아이들을 잘 키우며 알찬 미래를 이끌어 갈 수 있겠지만, 한 번밖에 주어지지 않은 우리의 삶이며 기회였습니다. 지금까지 지나온 우리의 인생을 완전히 되돌릴 순 없지만, 앞으로의 남은 생애는 달라질 수 있을 거라 기대합니다. 검은 머리가 파뿌리가 된 지는 오래지만, 앞으로도 나의 생명이 끝나는 날까지 당신을 이해하며 우리 가족들을 귀히 여기고 사랑하겠습니다. 서로를 이해하고 포용한다면 아직 우리에게 남은 생을 더욱 멋진 방향으로 이끌고 갈 수 있지 않을까 기대하며 내게 편지를 써 봅니다. 어제도 오늘도 아마 내일도 부치지 못할 편지가 될 것입니다.

늘 든든했던 당신에게.

고요의 옴니버스